박정희,
살아있는 경제학

박정희,
살아있는 경제학

좌승희 지음

백년동안

경제학,
박정희에 길을 묻다

한국은 박정희 대통령으로부터 시작되는 개발연대, 30년 가까운 기간 동안 세계에서 가장 높은 경제성장과 아주 양호한 동반성장, 즉 최고의 동반성장을 실현하였다(World Bank, 1993). 이를 일컬어 한강의 기적이라 부르고 있는 것이다.[1] 그러나 한국은 개발연대 이후 지난 30여 년간을 개발연대 경제정책의 잘못을 시정하여 선진국으로 도약한다고 애써 왔다. 그러나 오늘날 한국 경제는 저성장과 양극화라는 전혀 원치도 않았고, 더구나 목적하지도 않았던 결과에 직면해 있다.

오늘날 한국경제는 물론 세계경제 전체가 장기 저성장과 소위 경제양극화라 불리는 소득 불평등의 심화현상에 시달리고 있다. 최근 세계 경제학계는 이 문제에 대한 답을 제시하기보다는 이제 이런 현상이 새로운 정상상태라는 궤변으로 대응하고 있다. 어쩔 수 없는 일이라는 것이다.

그도 그럴 것이 지난 제2차 세계대전 이후 반세기 이상 공산사회주의 진영은 칼 마르크스의 이념을 따라 경제 불평등의 원천이 자본주의라면서 그 체제를 타도하자며 경제 불평등 해소를 국가의 이념 및 정책 목표로 추구했다.

자본주의 진영도 이에 대응한다고 소위 수정자본주의, 혹은 사회민주주의 체제를 내걸고 소득평등을 실현하기 위해 노력했다. 홍미롭게도 전후의 신생독립국들도 정도의 차이는 있지만 과거 식민선진국들을 따라 사회민주주의를 채택하여 경제평등을 위해 노력해왔다. 물론 그 사이 공산사회주의 국가들은 이제 북한을 제외하고는 모두 몰락하여 시장경제 시스템에 통합되었다. 그러나 이들 대부분은 아직도 사회주의 이념에서 못 벗어난 사민주의 체제를 지탱하고 있다.

이렇게 보면 인류는 거의 모든 나라들이 지난 반세기 이상을 사회주의 이상인 경제평등을 실현하기 위해 노력해 왔고. 지금도 소득의 균형과 평등을 위해 노력하고 있는 셈이다. 소득재분배 정책을 정치경제 체제의 제일 우선순위로 삼고 여기에 각종 복지 및 사회보장정책이 강화되어 소위 복지국가 모형이라 불리는 패러다임을 정착시킨 것이다. 이런 체제 속에서 일부 선진국들은 한때 고성장 속에서 소득 불균형의 완화를 즐기기도 하였다. 그런데 이제 오늘날 세계 경제는 어떠한가? 선·후진국을 불문하고 아주 일부 국가들을 제외하면 모두 저성장 국면을 못 벗어나고 있으며 분배 측면에서도 거의 모든 나라들이 상황의 악화를 경험하고 있는 것이다.

한마디로 요약하면 세계가 지난 반세기 이상 경제적 불평등을 해소하기 위해 노력했더니 사태는 오히려 성장의 침체와 불평등의 심화로 나타나 심지어 양극화라는 표현까지 등장하는 정반대의 상황에 직면한 셈이다. 이를 어쩔 수 없는 일이라 하는 것도 이해가 갈 만한 일이다. 더 놀라운 것은 일부 좌파 경제학자들이 "지금까지 해 온 재분배 복지정책이 미흡해서 그러니 이제 더 강력한 재분배정책을 펼쳐야 이 난국을 벗어날 수 있다."는 주장을 하고 있다는 점이다.

재분배정책을 더 강화하면 지속가능한 평등한 경제를 유지할 수 있으리라는 논거는 빈약하기 그지없다. 그동안 사회과학 중에서 최고의 정치성을 자랑하며 노벨상 반열에까지 오른 '경제과학'이 안타깝게도 현실과 너무 동떨어져 있다는 비판의 대상이 되기도 하는 이유가 바로 이런 것 때문이다.

한국의 경제정책 역사도 이와 다르지 않음을 알 만한 사람은 알

것이다. 개발연대라 불리는 박정희 시대 이후, 특히 1980년대 중후반부터 우리도 박정희 시대의 불평등을 해소하기 위해 수정자본주의 이념에 따라 균형발전과 보다 균등한 소득분배를 지향해 왔다. 물론 오늘날 온 나라를 달구고 있는 유사사회주의 이념인 경제민주화 이념도 이미 30년 전에 우리 헌법에 도입되었다. 그런데 오늘날 우리 현실은 세계경제의 보편적 현상과 다르지 않게 저성장과 양극화에 시달리고 있다. 더구나 안타까운 것은 개발연대라 불리는 1960년대에서 1980년대 후반까지 성장과 분배 양면에서 세계 최고의 양호한 성과를 냈음이 세계은행 등에 의해 공인받고 있는데 오히려 균형과 평등의 깃발을 내건 그 이후 30년의 성과는 전혀 기대 이하라는 점이다.

이제 경제학이 풀어내야 할 역설은 다음과 같다. 지난 반세기 이상 경제평등을 실현하기 위해 기울인 노력이 오히려 오늘날 저성장과 불평등을 심화시켰다. '자본주의 모순'이라는 경제 불평등을 척결 내지는 완화하기 위해 도입된 정치경제 체제인 '사회주의, 사회민주주의, 수정자본주의, 복지국가'라는 패러다임들은 결과적으로 모두 저성장과 양극화를 심화시켰다.

그런데 이와는 달리 고성장과 빈곤퇴치, 심지어 동반성장을 경험했던 몇 안 되는 동시대의 예외적 경험들도 있는데, 공교롭게도 이들 경우는 대부분 세계 전체의 흐름과는 다른 길을 갔음을 확인할 수 있다. 한국의 1960~80년대, 타이완의 1960~80년대와 싱가포르의 지난 반세기, 중국의 덩샤오핑 집권 이후 30여 년이 그러했다. 이들은 모두 사회주의나 사민주의, 수정자본주의 혹은 복지국가와는 거리가 있고, 자유방임적 시장경제와도 거리가 있다.

여기에 더하여 이들 국가들은 권위주의적 정치체제까지 닮았다. 이렇게 보면 세계의 보편적 가치라는 민주주의와 시장경제라는 정치경제 체제의 관점에서 보면 이단적이라 할 수밖에 없는 정치경제 체제 속에서 이들 국가들은 초고속 성장과 빈곤퇴치를 (특히 한국의 경우는 최고의 양호한 동반성장까지) 이루어 낸 것이다. 최근 인도와 같이 일부 고속성장과 빈곤퇴치에 성공하는 후발경제들의 경우도 공통적으로 오랜 사회민주주의 체제를 벗어나면서 경제의 역동성을 살려내고 있음도 흥미롭다.[2]

그럼 이 역설을 어떻게 설명할 것인가? "평등을 추구한 경제는 불평등해지고 역으로 불평등을 허용한 경제는 오히려 평등해지는 이 역설", 소위 "자본주의의 불평등 모순'을 적극 수용하는 나라는 오히려 그 불평등을 해소하는 데 성공하지만 이를 적극 청산하려는 나라는 하나같이 오히려 그 불평등의 질곡에 더 깊이 빠지고 있다는 역설"을 말이다.

이 책은 박정희 시대, 한강의 기적으로 표현되는 대한민국의 위대한 경제적 업적을, 이념의 옷을 벗겨 내고 객관적 시각으로 자본주의 경제의 기능적 본질에 입각하여 분석·평가함으로써 그동안의 이 시대에 대한 오해와 논란을 정리해 보고자 하는 목적을 가지고 있다. 나아가 이를 통해 오늘날 경제학이 부딪치고 있는 고난도의 문제에 대한 답이 바로 박정희의 정책 패러다임 속에 있음을 발견하게 될 것이다. 박정희를 지금처럼 역사 속에 사장시킬 것이 아니라 그 성공의 진수를 오늘에 살려내는 것이 바로 오늘날 전 세계 그리고 대한민국이 부딪치고 있는 경제 난제들에 대한 해결의 실마리임을 확인하게 될 것이다. 박정희는 죽은 경제학이 아니라 아직도 살아 있는 유용한 경제학임을 이해하게 되길 바란다.

이와 관련해서 미리 결론을 피력하는 것이 독자들의 이해를 높일 수 있으리라 생각한다. 이 책은 문명사적인 관점에서 박정희의 산업화전략은 18세기 서구 선진국과 메이지 유신 이후 일본 등이 산업화 과정에서 추구했던 부국강병을 뛰어넘는 "기업부국 패러다임"이라 본다. 제국주의를 초래한 부국강병의 '강병' 대신 '강한 기업'을 대입시키고 현대 서구의 시장경제 패러다임에서 정부의 역할을 보다 강화해, 정부가 시장과 공동보조 하에 강한 기업을 육성, 지원하여 세계시장 개척에 나서도록 독려한 "자본주의 기업부국 패러다임"이었다고 보는 것이다. 기업을 부국건설의 첨병으로 육성, 활용한 셈이다.

이런 패러다임을 실천하기 위해 박정희는 '정치의 경제화'를 통해 사회민주주의적 포퓰리즘, 혹은 유사사회주의적 평등지원 정책을 차단하고 '시장의 신상필벌의 차별화 기능'을 강화해 항상 나쁜 성과보다 좋은 성과를 우대하는 관치차별화 정책을 실천함으로써 강한 세계적 기업들을 육성하는 데 성공하였다. 이런 경쟁력 있는 기업들이 등장하면서 비로소 일자리 창출이 급속도로 신장되어 중산층이 빠른 속도로 형성되었다. 수출기업을 육성하면 수출수익이 제약없이 국내투자로 들어와 일자리를 창출하고 중소기업의 수요기반을 늘려 내·외수가 동반성장하게 되었다. 바로 이것이 개발연대 세계 최고의 동방성장이 가능했던 배경이다. 이 책은 이런 경제운영전략이 바로 오늘날 전 세계가 봉착한 저성장과 양극화 문제를 해결할 수 있는 살아 있는 경제학이라고 주장한다.

이 책은 3부로 구성되어 있다. 1부는 박정희 시대의 문명사적 의의를 살핀다. 세계 자본주의경제발전의 속성과 그 역사를 살피고, 동·서양문명의 부침 속에서 근세 한국과 일본의 운명을 가른 조선조의 몰락과 일본의 산업혁명의 경제발전사적 맥락을 살핀다. 신생 대한민국에 자본주의 시장경제체제를 도입하여 한강의 기적의 기틀을 놓은 이승만 대통령의 통찰력을 살펴본다. 이를 통해 박정희 시대의 한강의 기적이 어떤 문명사적 의의를 갖는지 살펴본다. 박정희시대 기업부국 패러다임과 식민지 근대화 논쟁과의 연관성도 살핀다.

2부는 이 책의 핵심으로 졸고(2014)를 기반으로 해서 작성하였는데, 박정희 대통령이 이끈 한강의 기적의 성공원리를 분석한다. 박정희 경제정책 패러다임에 대한 그동안의 찬반논란과 오해를 분석적으로 검토하고 박정희 시대 경제정책들의 성공요인을 밝힌다. 이를 위한 분석틀로서 '삼위일체 경제발전론'도 소개한다. 나아가 박정희 성공정책 패러다임의 경제학과 경제정책 일반에 대한 중요 시사점과 그 교훈을 정리한다. 그리고 오늘날 한국과 전 세계 경제가 부딪치고 있는 저성장과 양극화 문제의 근본원인이 바로 반박정희식 정책 패러다임에 연유한다는 점을 밝힌다. 3부는 졸고(2014)를 바탕으로 해서 작성하였는데, 박정희 시대 경제·사회 정책 중 가장 성공했다고 인구에 회자되는 '새마을운동'의 성공원리를 구명하고 경제발전 정책에 대한 시사점을 정리한다. 마지막으로 박정희의 산업화 패러다임인 '자본주의 기업부국 패러다임'과 '정치의 경제화와 경제적 차별화'라는 성공요인이 바로 현재 전 세계가 부딪치고 있는, 저성장과 양국화 문제의 유효한 해결책임을 강조할 것이다.

주

1. 개발연대의 시대를 명확히 구분하기는 어렵다. 필자는 이 시기를 대체로 1961년 5·16혁명 이후 박정희 대통령이 집권한 18년의 기간을 포함하여 정치민주화가 되기 전의 1980년대 후반까지로 볼 수 있다고 생각한다. 후술하는 바와 같이 5공 정부(1981~1987)는 정책체제 측면에서는 반개발연대적 정책체제를 도입하기 시작했지만 그 이전 박정희시대 성장정책의 과실(果實)의 가장 큰 수혜자로서 경제적 성과 측면에서는 개발연대로 볼 수 있다고 생각한다. 세계은행(World Bank, 1993)이 1965~1989년 간 주요국가의 성장률과 소득분배를 비교한 연구에 의하면 한국의 평균성장률은 표본국가 중 가장 높으면서 소득불평등지수(상위 20% 소득/하위 20% 소득)는 아주 낮은 것으로 나타나고 있다. 동기간 평균으로 볼 때 한국이 세계 최고의 동반성장을 이룬 국가라는 것이다(같은 책, p.31. 참조). 필자는 대체로 이러한 약 30년의 개발연대 동안 한국이 이룬 경제적 성과를 한강의 기적이라 부를 수 있다고 생각한다.

2. 이상 논의한 20세기 후반 세계경제발전사에 대한 국가별 설명에 대해서는 졸저(2008) 참조.

차 례

1부

박정희 시대의 문명사적 의의

1장

자본주의 경제발전의 속성[1]

무임승차를 통한 산업혁명의 전파과정

세계 경제발전사를 보면 경제발전은 아주 최근의 일이다. 인류는 도
구를 만들어 사용하면서 적어도 250만 년의 경제 역사를 갖게 됐다.
짧게는 분업과 교환을 하면서 1만 5,000년 이전부터 수렵과 채집의
시장경제를 했다. 즉 수렵을 잘하는 사람은 사냥을 많이 하고 채집
을 잘하는 사람은 채집을 많이 해서 서로 교환하는 것, 이것이 시장
교환경제이다. 하지만 역사를 통해서 살펴보면 경제발전이라고 부
를 만큼 소득이 증가한 시대는 지난 200년밖에 안 된다. 그전의 교
환경제생활이나 더 이전의 경제생활은 전부 맬서스적 함정이라는

빈곤상태에서 못 벗어났다. 경제학자들은 아직도 왜 지난 200년 동안만 인류가 부를 쌓고 축적할 수 있었는지 설명을 잘 못하고 있다.

　200년 동안의 부의 축적은 영국의 산업혁명 시기부터 시작되었다. 놀라운 것은 산업혁명이 일어나기 전 전 세계 부의 가장 많은 부분은 중국이 창출하고 있었다. 산업혁명으로 영국이 중국을 뛰어넘어 세계 부의 성장을 주도하였으나 20세기 들어서는 점차 일등국가를 미국에게 빼앗겼다. 아직도 미국이 일등국가라고 하지만 전체 흐름을 보면 일본을 거치고 다시 한국과 중국을 거치면서 동북아경제가 빠른 속도로 성장하고 있다. 200년이라는 짧은 경제발전의 역사에서도 시대와 장소에 따라 흥망성쇠의 운명이 또 갈라지는 것이다. 무엇이 이런 차이를 만들어 낸 것일까?

　경제성장과 발전의 과정은 앞선 흥하는 이웃의 경제성공 노하우를 따라 배우고 궁극적으로는 선발자를 뛰어넘는 과정이다. 선발자가 추월당할 수밖에 없는 까닭은 성공노하우를 따라 배우는 과정이 대부분 무임승차과정이기 때문이다. 서구가 산업혁명 이후 독일이 영국의 산업화 노하우에 무임승차하고 미국 또한 영국에 무임승차를 하였으며, 그렇기 때문에 영국이 궁극적으로 추월당할 수밖에 없었다. 이와 같이 산업혁명의 노하우가 서구로 퍼지면서 서구시대가 열렸는데, 당시 서구 역사를 보면 모든 성공한 나라들이 흥하는 이웃을 키우는 일을 열심히 했다. 열심히 노력하는 사람들이 더 많은 부를 축적할 수 있도록 경제적 자유가 확대되고 재산권 제도가 정착된 것이다. 이를 통해 흥하는 개인과 기업들이 양산되면서 부국의 길이 열리게 된 것이다.

산업혁명을 이끈 현대식 주식회사 제도

산업혁명 과정에서도 가장 중요한 것은 주식회사 기업제도의 탄생이다. 기업은 산업혁명을 촉발시키고 자본주의 경제의 성장과 발전을 이끌어온 기관차 역할을 했기 때문이다. 기업은 개인들의 지혜와 물적 자본을 모아 시너지 창출을 극대화해 내는 중요한 사회적 기술이다. 오늘날 현대식 기업제도가 제일 먼저 시작된 곳도 영국이다. 100년 넘게 불법화했던 주식회사 제도가 1820년대 초 허용되고, 1840년대에 최초의 주식회사법이 시도됐으며, 1864년에 오늘날과 똑같은 유한책임 주식회사 기업법이 만들어졌고, 이것이 영국의 경제발전을 견인하였다.

19세기 후반부터 미국 경제가 영국을 추월하기 시작했다. 20세기 이후 미국 경제의 세계주도는 어떻게 가능했는가? 자본주의 주식회사 기업제도는 19세기 초 영국의 발명품이다. 영국은 주식회사 제도를 바탕으로 산업혁명을 일으켰다. 그러나 섬나라 영국은 문화적으로 대기업보다도 개인·가족기업이나 소규모기업을 선호했을 뿐만 아니라 (물론 애덤 스미스마저도 대기업보다 소규모 개인기업의 우수성을 강조했듯이) 영국의 우수인재들도 지식인의 삶은 대기업의 종사자가 되어 기업경제를 일으키는 것보다는 관직 등 공적·학문적 분야 등 '고상한 일'에 종사해야 한다는 생각이 강했다. 산업혁명을 일으킨 영국마저도 마치 동양의 사·농·공·상처럼 '귀족이념'이 상대적으로 강하였던 것이다.

그러나 영국을 복제한 미국은 광활한 신대륙에서 새로운 개척정신을 창출해 냈다. 창의적인 노력으로 기업을 일으키는 기업가로서 혹은 대기업의 일원으로 기업의 성장에 기여하고 일자리를 창출하여 국민경제에 기여하고 개인적으로도 부를 쌓아 인생의 풍족함을 누리는 것을 중요한 삶의 가치로 여기는 지식인 문화를 창출하였다. 주식회사 제도는 이를 발명한 영국이 아니라 이를 복제하고 무임승차한 미국에서 더 꽃을 피워 세계 최강의 대기업들을 창출하고 결국 영국 경제를 추월하게 된 것이다. 지난 100여 년 간 미국은 세계 최다수의 강력한 대기업들을 앞장세워 오늘날까지도 세계경제를 좌지우지하고 있다. 그래서 알프레드 챈들러(Alfred Chandler)의 지적처럼 '시장이라는 보이지 않는 손'이 아니라 '기업이라는 보이는 손'이 미국 경제를 일으키고 세계경제를 이끌고 있는 것이다. 미국의 세계 경제 주도권은 바로 영국을 통해 배운 기업제도를 적극 활용한 덕분이었다. 그래서 필자는 자본주의 경제를 시장경제가 아니라 "기업경제"라 불러야 합당하다고 주장한다.

영국의 성공 노하우는 미국뿐만 아니라 독일로 퍼졌고 일본은 독일과 영국에 무임승차했다. 이렇게 해서 G7이 등장하고 서구시대가 열렸다. 일본과 한국, 중국, 싱가포르의 도약도 바로 기업제도를 활용한 덕분이다.

발전은 복잡계의 창발과정

우주 안 이 세상의 모든 시스템 변화는 서로의 만남에서 시작된다는 것이 최근 소위 복잡계 과학의 발견이다. 일종의 상호작용(interaction)이 모든 변화의 시작이라는 것이다. 상호작용이 없으면 그 사회의 조직이나 시스템은 더 높은 차원으로 창발할 수가 없다. 열려 있으면서 상호작용을 통해 외부와 소통을 해야 하고 그리고 외부로부터 에너지(시너지)를 받아야 새로운 차원으로 변화를 만들어 갈 수 있다.

닫힌 시스템은 주어진 에너지를 다 쓰고 나면 무질서가 극대화되어 소멸하게 된다.[2] 단세포동물이 집적되어야 다세포동물이 생기고 이것들이 더 집적되어야 인간이라는 고등한 생명체도 만들어진다.

인간사회의 형성은 결국 수십억 년 동안의 유전자들의 집적을 통한 인간의 탄생과, 인간 간의 수백만 년간의 만남을 통한 인간사회의 형성과, 수천 년간의 사상의 집적을 통한 문화의 형성을 통해 오늘에 이른 것이다.[3] 인류 역사는 열린 만남과 이를 통한 더 높은 차원으로의 변화과정이다. 협력적 만남은 서로 시너지를 공유함으로써 단순한 선형적인 합이 아니라 그보다 더 큰 힘을 낸다. 세포 100조 개의 합이 세포덩어리가 아닌 '인간'이 될 수 있다는 의미이다. 이러한 만남을 비선형적 만남이라 하며 이것이 우주 안에 있는 모든 시스템의 진화를 설명하는 가장 핵심적인 원리이다. 이런 원리를 통해 우주 안에 있는 모든 열린 시스템이 한 단계 더 높은 차원으로 진화하는 현상을 창발현상이라 부른다. 이것이 또한 나비 효과라 불리기도 하는 것이다.

현실 경제에서 이와 같은 창발현상을 일으키는 주체가 바로 기업이다. 협력적 만남을 통해 개인들의 능력을 집적시키고 시너지를 일으킴으로써 단순한 선형적 합을 뛰어넘는 비선형적 창발현상을 일으키는 것이 바로 기업이다.

더 넓게 보면 경제사회는 바로 이 원리가 적용되는 복잡적응계 (complex adaptive system)이다. 열린, 비선형적, 협조적 만남만이 새로운 발전을 잉태할 수 있다. 마차를 생산하는 사회에서 마차를 아무리 많이 만들어 선형적으로 이어도 기차가 되는 것은 아니다. 경제발전 이라는 것은 마차를 만들던 사회가 질적 변화를 거쳐 기차, 자동차, 비행기를 만들 수 있어야 한다. 기존의 경제학에서는 마차를 열 개 만들다가 백 개 만들면 "생산성이 늘어났다, 경제 발전이다."라고 하 는데 그것은 진정한 발전이 아니다. 마차에서 기차를 만들어 내고 자동차를 만들어 내고 더 나아가서 비행기를, 그리고 우주선을 만들 어 내어 경제가 점점 더 복잡해지는 것이 경제사회가 발전하는 과정 이다. 이 과정의 핵심은 서로 다른 개체가 만나 상호작용하면서 시 너지를 창출하는 것이다. 시너지를 창출하려면 나와 다른 사람, 나 보다 훌륭한 사람을 내 주위에 더 많이 두고 따라 배우며 그것을 잘 활용할 줄 알아야만 하며, 이래야 발전, 즉 창발의 메커니즘을 창출 해 낼 수 있다.

흥하는 이웃을 키워 내는 사회가 발전한다.

미국의 인구는 전 세계 인구의 5퍼센트 정도밖에 안 된다. 그런데 20퍼센트 가까운 전 세계 부의 비중을 차지한다. 대체로 전 세계 인구의 1퍼센트인 우리나라는 역시 세계 부의 1퍼센트 정도를 생산하고 있어 선형경제라 할 수 있는 반면, 미국은 1퍼센트의 인구가 5퍼센트 가까운 부의 비중을 생산하는 비선형적 창발경제라고 할 수 있다. 중국도 요즘 잘한다고 하지만 13억 인구가 세계 부의 13퍼센트 정도밖에 창출하지 못한다. 중국도 아직은 별로 잘하는 경제가 아니다. 우리 경제를 더욱 역동적으로 발전하게 하려면 각 개인과 개인의 만남이 미국과 같이 더 많은 시너지를 창출할 수 있는 경제로 도약하여 1퍼센트의 인구지만 적어도 5퍼센트 이상의 세계경제 부의 비중을 차지하는 나라가 되어야 한다. 그래야 선진국이 되는 것이고 강한 나라가 되는 것이다.

이렇게 하려면 국가나 사회가 흥하는 이웃을 보다 많이 키워 내어 발전의 문화유전자를 전파하여 더 많은 사람들이 이를 무임승차하여 발전의 대열에 참여할 수 있게 해야 한다. 그래서 흥하는 이웃이 많아져야 내가 발전할 수 있는 기회가 더 많아지고 사회도 발전할 수 있는 법이다. 따라서 어느 사회든 열심히 노력하여 성공하는 사람들을 대접하는, 예컨대 잘하는 기업인을 대접하고, 잘하는 학자를 대접하고, 잘하는 학생을 대접하고, 잘하는 지역을 대접하는 사회는 발전에 성공하지만 역으로 열심히 노력하여 성공하는 사람들을 폄하하는 사회는 발전에 성공하지 못한다.

지난 200여 년의 근현대 경제발전사를 살펴보면 경제적 자유를 확대하고 재산권을 보장하여 국민들이 열심히 자조하면 자유롭게 부를 축적하고 부자가 될 수 있는 길을 더 활짝 열어준 나라들은 성공한 반면, 부의 평등이니 분배의 평등이니 하여 자조하는 국민들을 폄하해 온 나라들은 예외없이 실패하였다.

그리고 발전의 노하우를 먼저 창출한 흥하는 이웃들이 그 영광을 지속하는 것이 결코 용이하지 않다는 사실도 확인된다. 인류 역사에서 일등문명이 영원히 지속될 수 없었음은 상식이며, 18~19세기 이후 근현대의 경제발전 역사에 있어서도 일등경제가 그 자리를 계속 유지하기는 점점 더 어려워지고 있다. 이는 모두 경제발전의 노하우가 무임승차되는 경제진화의 본질적 특징 때문이다. 무임승차는 버스회사를 망하게 하는 이치나 다름없다. 영원한 일등경제는 없고 영원한 일등 기업도 없듯 영원한 일등은 어느 분야에도 있을 수 없는 것이다. 이런 현상을 1등의 저주라고 할 수 있다. 1등은 아무리 열심히 해도 결국 추월(catch-up)당하게 되는 것이다. 후발자가 선발자를 무임승차하는 것이 세상의 이치이기 때문이다. 무임승차의 저주에서 벗어나는 유일한 길은 새로운 창발적 발전을 계속하는 흥하는 이웃을 더 많이 키워 내고 발전의 문화유전자를 살려 나가는 것이다.

이런 일등의 저주현상을 기업을 통해 보면 더 흥미롭다. 예를 들어 최근까지 삼성전자는 일본의 전자업계에 무임승차하였는데, 이러한 점에서 세계 10등에서 2~3등으로 갈 때까지 삼성전자는 오히려 편한 측면이 있었다. 맨 앞의 소니를 열심히 쫓아가면 문제가 없었다. 열심히 무임승차하다 보니까 삼성은 이제 맨 앞에 서게 되었고, 전 세계 전자업계들이 삼성전자에 무임승차하고 있다.

국가나 개인도 마찬가지다. 사회는 뒤쫓아가는 사람이 앞서 가는 사람의 인생성공 노하우를 무상으로 '착취'해서 궁극적으로 따라잡는(catch-up) 것이 세상의 변화이치인 것이다. 앞선 자가 후발자를 착취한다고 주장한 칼 마르크스의 계급투쟁론은 이런 이치를 거꾸로 본 셈이다. 흥하는 이웃을 폄하하고 앞서가는 창발자를 타도대상으로 삼는 사회에서 발전과 진보는 기대하기 어렵다.

흥하는 이웃을 폄하해 온 지난 60여 년의
세계경제 발전사

그런데 최근 60여 년의 세계 역사를 살펴보면 미국은 상대적으로 예외지만 대부분의 유럽 선진국은 흥하는 이웃을 폄하하고 발전에 역행하는 일을 계속해 오고 있다. 수정자본주의라고 하여 사회주의 이념을 수용하고 보편적 무상복지제도를 강화하였으며, 유럽 대륙의 대부분의 국가는 이제 사회민주주의를 내걸고 있다. 사회민주주의는 세월이 가면 갈수록 국가의 경제적 역동성을 떨어뜨리고 있다. 서구를 무임승차한 일본 또한 메이지 유신 이후 100년 동안 꾸준한 성장을 거치지만 1970년대 들어오면서부터 선진국이 되었다고 하여 탈아입구(脫亞入歐), 즉 "우리도 이제 아시아를 떠나 유럽의 일원이 되었다."고 하면서 도입한 제도가 바로 사회민주주의 체제이다. 우리가 지금 펴고 있는 경제민주화와 평등주의 정책을 일본은 벌써 50년 전부터 시작한 셈이다. 국가 균형발전, 수도권 규제, 유도리(여유) 교육 등 일본이 앞서서 시작한 이념적 정책들을 우리도 같은 이름으로(유도리 교육은 평준화 교육으로 둔갑) 도입했는데 이렇게 보면 최근 우리나라는 20~30년 전의 일본을 뒤따라 하고 있는 셈이다.

　사회민주주의 정책을 30년 정도 하고 나니까 일본의 성장도 꼼짝

없이 내려가면서 잃어버린 20년을 경험하고 있는 것이다. 이와 같이 OECD 선진국들이 선진국 병에 걸려 있다면 우리는 중진국 병에 걸렸다고 할 수 있다. 우리는 비슷한 일을 정치민주화를 이룬 1980년대 말부터 선진국이 되기도 전에 했기 때문이다. 어쨌든 우리는 (받아들이고 싶지 않을지 모르나) 일본으로부터 개발연대에는 성공 노하우를, 지난 30여 년간은 경제민주화와 평등주의 정책 등 실패 노하우를 무임승차한 것이고 우리가 도약한 이후 중국이 우리의 개발연대 성공 노하우를 무임승차했고 이 과정을 통해서 발전의 노하우가 끝없이 퍼져 나가고 있다. 그러나 흥미로운 것은 우리는 일본의 성공 노하우는 물론 실패 노하우까지 무임승차하고 있지만, 중국은 우리의 성공 노하우를 무임승차했지만 우리의 실패를 답습하지 않으려고 우리를 반면교사 삼고 있다는 사실이다. 중국은 아직도 한국에서 실패하고 있는 서구식 민주주의를 경계하고 있음에 주목해야 한다. 이제 21세기 미국과 중국의 경제전쟁을 이런 성공 노하우의 무임승차 관점에서 보면 중국이 유리해 보이지만 결국은 "누가 흥하는 이웃을 폄하하는 사회민주주의"의 유혹에서 더 잘 버텨내느냐에 달려 있는 것으로 보인다.

세상의 이치를 거꾸로 본
칼 마르크스의 자본주의관

민주주의 국가의 경제정책은 많은 경우 경제이론보다도 이념에 의해서 결정된다. 주류경제학은 가능하면 이념을 배제하는 것이 경제학 과학화의 길이라고 생각하고 지난 2세기 동안 열심히 경제학을 발전시켜 왔지만, 실제 경제정책은 많은 경우 이념이 지배한다. 칼 마르크스의 계급투쟁론에 따르면 혁명을 통한 평등사회 건설이 사회주의의 기본 이념이다. 이 세상은 계급투쟁의 장이고 이 세상에서는 앞선 자가 뒤떨어지는 자를 착취한다고 생각했다. 자본가가 노동자를 착취하고 부자가 가난한 자를 착취하는 이 세상이 모순이라는 것이다.

하지만 부르주아가 프롤레타리아를 착취한다고 했는데 거꾸로 프롤레타리아가 부르주아를 이용해서 같이 발전해 나가는 것이 이 세상의 이치가 아닐까? 오히려 뒤따라오는 사람이 앞서 있는 사람을 (다른 말로 표현하면) 무임승차해서 따라 배우는 것이 세상이치인 것이다. 칼 마르크스의 용어를 빌리면 프롤레타리아가 부르주아를 '착취'하는 셈이다. 내 주위에 나보다 더 훌륭한 사람이 많지 않으면 내가 발전하지 못하고 사회가 발전하지 못하듯이 부르주아가 없으면 세상은 발전하지 못한다. 결국 "흥하는 이웃이 있어야 세상이 발전하고 나도 흥한다." 이것이 오늘날 복잡계로 진화한 네트워크 자본주의 경제의 기본 작동원리이다.

칼 마르크스의 이념, 더 나아가 사회주의의 이념은 초기에 관찰된 소위 자본주의 체제의 모순성을 바탕으로 형성되었으나 지금의 자본주의 체제는 어느 누구와도 열린 비선형적 상호작용을 통해 시너지를 공유하지 않고는 살아남을 수 없는, 즉 닫혀 있으면 엔트로피의 극대화를 막을 수 없는 철저한 네트워크 사회로 진화했음을 잊지 말아야 한다. 나의 네트워크가 다 못하는데 나만 더 나아질 수는 없으며, 나보다 앞선 네트워크가 많으면 많을수록 나 또한 더 많은 시너지를 향유할 수 있는 가능성이 커지는 것이다. 그래서 칼 마르크스는 이 세상의 이치를 거꾸로 본 셈이다. 사회주의 이념은 흥하는 이웃이 있어 내가 망한다는 관점에서 출발했지만, 오늘날의 자본주의 사회는 오히려 흥하는 이웃이 더 많아야 내가 더 흥하는 구조로 진화한 셈이다. 바로 이러한 새로운 이념의 실현과정이 바로 자본주의 체제 발전의 원동력이 되고 있으며, 또한 앞으로도 그러할 것이다.

2장

위대한 성장의 전야

문명의 흥망성쇠와 그 원인

훌륭한 이웃을 옆에 두고 배우는 것이 성공의 첩경이다. 세계 문명사에 일등문명이 영원한 적은 없다. 시간의 길고 짧음의 차이는 있지만 모두 결국 흥망의 길을 갔다. 왜 그럴까? 일등을 오래하면 자만심이 생기고 나태해진다고도 하고 타성으로 혁신에 소홀해진다는 주장도 있다. 흥하는 문명의 적은 내부에 있다는 말인 셈이다. 그래서 결국은 이등문명에 캐치-업 당한다는 말인 셈이다. 전혀 일리가 없는 말도 아니다. 그럼 이등문명은 도대체 왜 일등문명이 겪는 문제에 봉착하지 않고 일등으로 도약하게 되는가? 왜 나태해지지 않고 혁신을 계속하게 되는 걸까? 이등이면 모두가 그렇게 일등과는 다르게 되는 것인가? 그동안 이 질문에 대한 답은 그렇게 명쾌하지 못했다.

일등은 이등으로부터 배울 게 많지 않지만 이등은 항상 일등으로부터 반면교사의 교훈까지 포함해 배울 게 많다. 그래서 일등이라 하는 것이다. 세상의 모든 변화는 흥하는 이웃을 따라 배우는 과정의 연속이다. 문화진화라는 경제의 발전과정 또한 후발자가 선발자를 무임승차하여 배우는 과정이다. 왜 이등문명이 결국 일등문명을 따라잡게 되는가? 이등은 일등을 무임승차하여 더 발전할 수 있지만 일등은 결국 더 무임승차할 대상이 없음을 의미하기 때문이다. 내 주위에 나보다 흥하는 이웃이 많을수록 나에게 성공 가능성은 많아지지만 역으로 내 주위에 모두 나보다 못하는 이웃만 있으면 내가 더 발전할 수 있는 길은 없어진다. 물론 후발자가 이 원리만 믿고 무임승차만 하고 있으면 일등의 길은 요원하다. 모든 후발자에 캐치-업이라는 상이 주어지지는 않는다. 오직 운과 더불어 노력하는 자에게만 주어지는 법이다.

국가나 국민경제의 성공 여부는 얼마나 훌륭한 이웃을 두고 (비선형적인) 상호교류를 함으로써 시너지를 향유하느냐에 달렸다. 흥하는 이웃을 잘 만나 흥하는 문명의 패러다임을 따라 배우면 더불어 성공할 가능성이 높아지고 역으로 이웃을 잘못 만나 망하는 문명에 줄을 서면 성공의 길은 더 멀어진다.

그럼 흥하는 문명의 패러다임이란 무엇인가? 경제발전이라는 문화현상은 흥하는 주체의 문화유전자가 복제되어 그 수가 증폭되는 과정이기 때문에 흥하는 이웃을 우대하지 않고는 발전이 가능하지 않다. 따라서 흥하는 이웃을 우대하는 사회문화적 환경을 조성해 내는 문명은 성공하지만 역으로 흥하는 이웃을 폄하하여 성공 노하우의 복제와 재생산을 막고 그 수의 증폭을 억제하는 문명은 성공하기 어렵다.

조선조의 몰락은 망하는
중국 패러다임을 따른 결과이다.

조선의 몰락은 소중화(小中華)를 외치며 흥하는 문명 패러다임을 배척하고 망하는 중국 문명의 패러다임을 끝까지 맹종한 결과이다. 중국은 중세까지 세계 부의 창출을 주도하였다. 그러나 1500년대 이후 서구 영국과 중국의 운명이 서서히 갈리기 시작하였다. 영국은 개인의 자유를 확대하고 재산권을 보장해 나갔으며, 자산가와 귀족

계층을 중심으로 인구증가가 일어나면서 높은 교육을 받아 인생성공의 노하우를 체화한 상류계층이 평민계층으로 내려가는 일이 일어났다. 물론 인구증가가 없었던 원래의 하층, 평민계층은 점차 사라지게 되었다. 이 과정을 통해 산업혁명(1800년대 초) 개시 전 영국은 전 인구가 교육을 제대로 받아 높은 지적 능력을 보유한 인구로 대체되었다. 경제발전의 문화적 여건이 성숙되었다.

역으로 중국은 명나라 이후 해금정책으로 해양진출을 억제하여 외부의 흥하는 이웃들과의 교류를 억제하면서 창발기회를 스스로 차단하였다. 인구는 귀족 등 상층부에서는 증가하지 않고 저소득 농민계층에서만 증가하였다. 이 과정에서 중국은 교육기회를 갖지 못한 인구로 뒤덮이게 되었다. 무지한 국민의 나라가 되었다. 흥하는 이웃이 양산되지 않으니 발전을 일으키기는 어려운 것이다.[4]

그럼 왜 영국과 중국 사이에 인구구조의 변화양상이 달랐는가? 한 가지 가설은 다음과 같다. 영국은 상대적으로 경작 가능 토지가 부족한 목축업 중심의 농업국이었다. 그런데 15세기부터 시작되어 19세기 초까지 완성되는, 목축업 등 농업의 생산성 향상을 위해 공유지나 미개간지를 대규모 토지로 사유화하는 엔클로저 운동(enclosure movement)이 벌어졌다. 그 결과 토지소유가 집중되고 토지무소유 저소득계층의 양산과 소멸이라는 계층 변화를 급격히 겪었다.

이 과정에서 상류층에서의 인구증가가 빈곤 하층계층의 출산율 저하와 궁극적 소멸로 인한 하류층의 공동화를 대체하는 상류층의 계층 하향이동 현상이 일어났다. 반면 중국의 경우는 상대적으로 풍부한 강 유역의 농토를 바탕으로 하는 미작 중심의 농경사회였다. 때문에 저소득계층의 생활이 상대적으로 양호하여 높은 출산율을 지탱할 수 있었기 때문에 인구증가의 대부분이 하층계층에서 일어난 것이다.[5]

그렇다면 닫힌 사회로서 재산권의 보장이나 경제적 자유의 진전도 없이 무지한 대중을 바탕으로 산업혁명에 친화적이지 못했던 중국을 맹종한 조선은 어떠했는가? 중국과 마찬가지로 재산권 제도의 미비, 경제적 자유의 제약, 반실사구시적 유교문화의 전통 속에서 해금정책 등으로 흥하는 외부와의 교류를 차단하였다. 국내적으로 사농공상이라 하여 생산적 활동(상업과 산업, R&D 활동)은 폄하되고 오히려 상대적으로 비생산적인 활동(예를 들어 공자님 외우기, 한자서예활동 등)이 우대받는 400여 년의 역사를 보냈다. 1840년 아편전쟁으로 중국이 패망한 것은 바로 조선 패망의 전조인 것이다. 이웃이 망하니 망하는 패러다임을 따른 조선이 망하는 것은 필연적 결과다. 일본이 메이지유신으로 서구와의 교류를 확대하면서 유신의 문화적 바탕을 다져간 것과는 대조적이다. 일본의 흥함은 바로 개항을 통해 흥하는 서구의 패러다임을 신속히 무임승차한 결과이다.

위대한 성장의 바탕을 놓은 이승만[6]

흥하는 자본주의 패러다임을 탄 대한민국의 행운

'한강의 기적'이라 불리는 경제 천지개벽은 일본의 패망과 그 뒤를
이은 미군정을 거쳐 1948년 대한민국이 건국되면서부터 사실상 이
미 시작되었다. 북한은 망하는 문명의 패러다임인 중국, 소련의 사
회주의 패러다임을 따랐고, 남한은 미국식 교육을 받고 그 문화를
체화한 이승만 대통령의 집권으로 흥하는 미국 등 서구 자본주의 경
제 패러다임을 따랐다. 오늘날 북한의 어려움은 바로 망하는 이웃의
사회주의 경제 패러다임을 따랐을 뿐만 아니라 이를 바꾸지도 못한
결과인 셈이다.

　이승만 대통령은 자유민주주의와 시장경제라는 서구의 패러다임
을 수용하고, 적극적인 용미(用美)전략을 통해 건국 초기 경제적 어
려움을 극복하고 6.25를 성공적으로 방어하여 국가의 기초를 놓았
다. 이런 기초가 없었더라면 그후 한강의 기적은 불가능하였을 것이

다. 사유재산권 제도의 정착, 자유기업 제도의 정착, 상업금융 제도
의 정착, 교육제도의 확충 등 서구식 시장경제의 기초질서와 제도들
이 구축되었다. 법률의 규정을 전제로 하였지만 기업 이익의 노사
균점(제18조)을 선언하는 등 제헌헌법은 당시의 유행이었던 사회주의
적 요소를 많이 담고 있었음에도 재산권을 기본권으로 보장(제15조)
하였고, 실제 경제운영은 자유 시장경제 철학에서 크게 벗어나지 않
았다.

사유재산권 제도와 자유기업 제도의 정착

우리나라의 사유재산권 제도는 일제 때 민사령(1912)에 의해 도입되
었다. 해방 후에는 미군정이 주인 없는 귀속재산에 대한 국유화 조
치로 당시 근로자들의 '자주관리운동'에 쐐기를 박아 사유기업 경영
의 독자 영역을 확보해 주는 동시에 귀속재산의 사유화 조치를 통
해 사유적 재산권 제도를 정착시켜 나갔다. 특히 당시의 근로자들의
'자주관리운동'이 자칫 사회주의 성향의 사회 분위기 속에서 자유기
업 제도의 근간을 훼손할 우려가 있었는데 미군정은 이를 적절히 관
리하였다. 그래서 미군정 이후에도 사유화 조치는 계속되었다. 물
론 제헌헌법이 운수, 통신, 금융, 보험, 전기 등의 공익성 높은 분야

의 기업들과 광산업 등을 국유화하도록 함으로써 일부 기업들에 대한 국유화 조치가 있었다. 하지만 1954년 11월의 개헌으로 국유기업의 범위는 대폭 축소되었고, 군정 이후에도 이러한 사유화 조치들은 기업, 부동산 등에 걸쳐 계속 추진되었다.

농지개혁 시에도 사유재산권 제도를 지키고자 노력

한편 농지소유의 평등을 지향한 농지개혁과정(1950년 3월 시작하여 1957년 완료)에서도 사유재산권 제도는 유지되었다. 일단 유상몰수·유상분배 원칙을 지켜 무상몰수·무상분배의 북한 사회주의식은 물론 유상몰수·무상분배라는 절충안을 배격함으로써 자본주의 사유재산권 제도의 틀을 유지하였다. 물론 일부 지주들은 충분한 보상을 못 받기도 했다. 당시 높은 인플레이션으로 인한 토지채권의 실질가치 하락으로 몰락한 경우도 있었다. 하지만 크게는 사유재산권 제도가 유지되었다. 땅을 산 농민 중 대금을 모두 납부하지 못한 농민들에게는 15년에 걸쳐 분납토록 했다. 소작제도 아래 7대3으로 가져가던 지주들에게는 불리하고 소작농들에게는 훨씬 유리한 조건이었다.

근대식 교육제도의 완비

제헌헌법이 초등교육의 무상의무교육을 선언(제16조)함에 따라 1949년부터 전면적인 의무초등교육을 실시하고 중·고등교육제도를 확충하였다. 또한 군을 통한 문자해독 교육을 실시하는 등 빠른 시간 안에 전 국민의 문자해독 능력을 확충함으로써 박정희 시대 경제발전의 예비산업 역군을 양성하였다.

경제운용에 있어서의 용미(用美)

건국 초기 여러 가지 안보적 위기와 어려운 경제상항 속에서 종합적인 경제발전전략을 구사할 여유는 없었지만 어려운 경제형편을 철저한 용미전략으로 극복하였다. 특히 전후 미국은 동아시아 경제역학관계를 일본을 중심에 두고 일본의 산업화를 지원하고 한국과 타이완은 일본산업의 소비시장 정도로 기능하기를 기대하였다. 따라서 한국의 산업화에는 관심이 없었다. 그러나 이승만 대통령은 이런 구상이 '일본의 전전 대동아공영권을 부활하는 것'에 불과하다고 보았다. 그래서 경제부흥계획을 세워 독자적 경제력을 확충하고자 노력하였으며, 당시 반공 최전선 한국의 지정학적 특성을 적절히 이용하여 미국의 원조를 끌어내고 나아가 경제부흥에 유리하게 활용하고자 노력하였다.

원조의 수혜방식에 있어서도 소비재 원조에 비중을 둔 비계획원조보다 가능한 한 시설재 중심의 계획원조의 비중을 높여 경제발전에 도움이 되는 방향으로 활용하고자 노력하였다. 그리고 아프리카 등에서 미국의 원조를 정치적 목적으로 배분하고 낭비한 예와는 달리 이를 배분 활용함에 있어서도 (물론 당시 정경유착과 부정부패 속에 일부 낭비도 없지 않았겠지만) 경제적 필요성이 있는 부분에 효율적으로 배분함으로써 원래 북한에 비해 생산시설이 취약한 상태에서 그 나마 6.25로 소실된 소비재 산업기반을 신속히 일으키는 데 성공하였다.

한국전쟁이 끝난 후 우리는 1954년부터 1961년까지 8년 중 1년 2개월 정도를 미국의 원조만으로 먹고 살았다. 나라 살림의 태반을 원조물자를 매각한 자금(대충자금)으로 충당할 만큼 재정상태는 취약했고, 국방비는 거의 전적으로 미국에 의존했다. 원조물자는 소비재 및 원자재 위주였고, 이 원자재를 바탕으로 제조업이 생겨났다. 이른바 '3백(白)산업'이라 불리는 설탕, 제분, 면방직 등 생필품 중심의 공업화가 진행되었다. 산업화(공업화)는 초보 단계에 머물러 그럴듯한 공산품이라고는 라디오(1959)와 선풍기(1960) 정도였다. 항상 대외교역은 적자에 시달렸으며 무역적자는 한국에 주둔한 유엔(UN)군으로부터 벌어들인 수입(용역 및 군납 등)과 원조로 겨우 충당하고 있었다.

한국이 받은 경제원조는 막대하였는데 1946~1978년 한국에 대한 미국의 경제원조는 60억 달러였는 데 비해 아프리카 전체에는 69억 달러, 중남미 전체에는 149억 달러였다. 또한 한국은 1946~1976년, 30년간 세계로부터의 원조수혜 대상국별 순위에서 이스라엘과 베트남을 제외한 최고 수준이었다.[7] 이런 원조수혜는 물론 세계 반공전선의 최전방인 한국의 중요성을 감안한 당연한 결과라고 할 수도 있겠으나 어쨌든 이승만과 박정희 대통령 시절 국제역학구도를 실리적으로 이용하여 우리의 경제발전에 유리하게 활용하는 혜안을 발휘한 용미전략의 성공결과라 할 수 있을 것이다.

한강의 기적 씨앗, 이승만의 통찰력과 리더십

당시 새롭게 등장하여 신생독립국들 사이에서 기세를 올리던 사회주의 패러다임의 우세 속에서도 이승만 대통령은 높은 통찰력으로 자본주의 시장경제라는 흥하는 문명 패러다임을 제대로 읽고 이를 선택했다. 그리고 용미를 안보뿐만 아니라 경제에도 적절히 구사함으로써 건국 초기 국가건설과 시장경제 제도의 바탕을 마련하여

1960~1970년대 도약의 기틀을 놓았다는 점이 높게 평가되어야 할 것이다.

일제 잔재를 충분히 청산하지 못했다는 비판도 있으나 당시 근대 교육을 받은 지식인들이 너나할 것 없이 다 일제의 '잔재'들이니 다 청산하면 누가 흥하는 노하우를 퍼뜨려 나갈 것인가? 인재가 부족한 신생 대한민국 정부를 이끌어 가야 할 초대 대통령으로서는 청산의 범위와 방법에 대해서 실용적 선택이 불가피했다고도 할 수 있을 것이다. 후일 박정희 장군이 5.16혁명 후 부정부패와 탈세의 원흉이라고 구속했던 기업인들을 경제건설에 앞장선다는 조건으로 사면한 것도 이와 유사한 경우이다. 또한 중국의 덩샤오핑이 개혁개방 이후 흑묘백묘론으로 사회주의 이념을 돌파한 경우도 이와 다르지 않은 것이다.

만일 당시 이승만 대통령이 아닌, 자본주의 경제에 적대적인 이념 세력들이 도덕적 가치를 내걸고 집권해서 기존의 일제치하에서 그나마 근근이 생존해 온 한국기업들을 일제청산을 빌미로 몰수해서 국유화하고 기업인들을 청산했더라면 어떻게 되었을까? 역사에 가정은 무의미한 것이라 하지만, 도덕적으로 깨끗한 나라가 되었을지는 몰라도 박정희 이후의 경제성공 기적의 씨앗은 뿌려지지도 않았을 것이다.

3장

위대한 성장을 이끈
"자본주의 기업부국 패러다임"

한강의 기적은 "자본주의
기업부국(企業富國) 패러다임"의 결과

한강의 기적의 주역인 박정희 대통령은 일본을 누구보다도 잘 알고 있었고, 당시 "자본주의 부국강병"을 내걸고 앞서나간 서구의 산업혁명을 따라잡는데 성공한 일본의 근대화과정과 후발자의 캐치-업 전략을 숙지하고 있었던 것으로 보인다.[8] 후발자로서 일본은 서구의 선발국들과 마찬가지로 부국강병을 내걸었지만 서구에 비해 산업화 과정에서 정부의 역할이 훨씬 더 강력하였다. 흥하는 문명 패러다임 하에서 교육받은 이승만대통령이 세계문명의 선도 국가를 따라 도입한 자유 시장경제의 기본 바탕이 미약하나마 마련된 상태에서, 성공적으로 서구 산업혁명을 무임승차한 일본의 근대화경험을 숙지한 박대통령이 뒤를 이어, 창의적인 용일(用日)전략으로 시장과 정부의 역할을 실사구시적으로 접목함으로써 어느 나라도 경험해 보지 못한 최단기간내의 산업혁명의 기적을 이룬 것이다. 여기서 우리의 개발연대 산업화전략은 서구의 18세기 이후나 일본의 메이지 유신 이후 부국강병을 내걸고 부국경쟁에 나섰던 산업화전략에서 배우고, 서구식 시장경제에서 배웠지만, 제국주의를 초래한 '강병'을 따르지도 않고 비현실적으로 추상화된 '시장만'을 따르지도 않았다.

박정희는 이승만 대통령이 깔아놓은 서구식 시장제도위에 현대식 기업을 일으키고 앞장세워 정부의 강력한 지원 하에 세계시장을 개척해 나갔다. 이를 본서는 시장과 정부의 공동보조 하에 "강병이 아니라 현대식 주식회사를 앞장세운" "자본주의 기업부국 패러다임"이라 해석한다. "자본주의 부국강병"과 "자유 시장경제"의 패러다임에서 훨씬 실사구시적인, 시장과 기업과 정부가 삼위일체가 되어 "자본주의 기업부국"에 나서는 새로운 패러다임을 만들어낸 것이다. 본서는 이 패러다임을 다음의 제2부 제3장에서 "삼위일체 경제발전이론"으로 소개하였다. 이 이론에 따르면 자본주의경제발전은 기업부국패러다임이 그 본질이며 서구나 일본의 산업혁명마저도 부국강병을 내걸었지만 궁극적으로는 기업부국 패러다임이 그 본질이었음을 강력히 시사한다. 이런 관점에서 보면 박정희시대는 자본주의 경제발전의 일반적 패러다임으로서의 기업부국 패러다임을 재발견한 셈이라 할 수 있다. 이런 박정희의 정책패러다임은 바로 현대 중국의 등소평에 의해 무임승차되어 중국의 지난 30여년의 경제도약의 기반이 되고 있다. 싱가포르의 도약도 그러하고 금세기 역동적 성장을 만들어내는 나라가 모두 이 패러다임을 따르고 있음을 쉽게 확인 할 수 있다. 그래서 박정희시대의 "기업부국 패러다임"은 아직도 살아있는 경제성장, 발전의 유용한 패러다임이라는 것이 본서의 주장이다.[9]

만일 가상적으로 이승만도 아니고 박정희도 아닌, 예컨대 당시 사회주의의 길을 간 중국에 더 친숙하고 따라서 사회주의이념에 경도된 지도자들이 집권했다면 어떤 결과를 가져왔을까? 과거 조선조처럼 경제용중(用中), 혹은 중국맹종을 했다면 지금의 대한민국이 있을 수 있었을까? 만일 그랬더라면 대한민국의 경제발전도 없었을 것이고, 박정희를 보고 배운 오늘날 중국의 경제발전도 없었을 것이고, 일본만이 또 다시 동아시아의 유일 초강대국 행세를 하고 있지는 않았을까? 역사에 가정은 무의미한 것이라 하지만, 다행히도 우리는 이승만, 박정희 대통령을 통해 성공한 그리고 흥하는 문명패러다임의 성공노하우를 무임승차하고 우리에 맞게 변용할 수 있었기 때문에 한강의 기적이 가능하였던 것이다.

한국의 근대화 논쟁과 기업부국 패러다임

이쯤에서 독자들은 아마도 박정희의 기업부국 패러다임과 일제기와의 관계에 대해 궁금해 하리라 생각된다. 박정희 대통령이 일제기에 성장하여 고등교육까지 받았다는 사실뿐 만아니라, 최근 한국경제사학계가 일제기가 한국의 근대화에 미친 영향에 대하여 소위 자본주의 맹아론[10] 과 식민지 근대화론이 첨예하게 대립하고 있음에 비추어 더욱 그러하리라 생각한다. 자본주의맹아론은 조선조 말에 이미 시장교환경제가 활발히 형성되는 등 내재적으로 자본주의맹아가 싹텄으나 이런 변화의 동인이 일제의 식민지 수탈에 의해 말살되었다고 주장하는 반면, 식민지근대화론은 조선조말 이미 해체 직전이었던 한국경제가 일본의 지배 하에서 각종의 근대적 자본주의 시장제도가 도입되고 사회간접자본시설이 확충되면서 근대화의 길을 걷게 되었다고 본다. 전자는 전통적 농경사회에서 등장하는 장마당과 같은 시장교환거래가 활성화되는 현상을 자본주의의 초기 맹아라 보는 반면, 후자는 개인재산권제도와 같은 시장제도가 도입되어야 경제가 자본주의 시장경제화하게 된다는 제도경제학적 관점을 따르고 있다. 논쟁의 핵심은 물론 일제기가 한국경제의 근대화에 기여한 바가 있느냐 인데 전자는 도움은 고사하고 수탈의 시기였다고 보는 반면 후자는 수탈은 과장이며 일제기의 상대적으로 높은 경제성장이 보여주는 바와 같이 긍정적 기여가 있었다는 주장이다. 특히 후자의 경우는 해방 이후에도 일제기에 이식된 시장제도와 당시의 교육과 경제활동을 통해 선진경제와 문명을 배워 익힌 인적, 기술적자본이 지속적으로 그 후 한국의 산업화에 기여했다고 주장한다.[11]

우선 본서의 홍하는 이웃이 있어야 나도 홍한다는 문명전파 메커니즘의 입장에서 보면, 추락하는 중국문명을 추종하던 닫힌 조선조가 자체적으로 홍할 수 있었을까 하는 측면에서 맹아론의 설득력은 한계가 있어 보인다. 반면, 식민지 근대화론은 선진 문명과의 열린 상호접촉과 배움의 중요성을 강조하고 있다는 점에서 진일보한 관점으로 보인다. 아무리 수탈해도 문명의 씨앗을 무임승차하는 피수탈자들의 의지까지 막을 수는 없었을 것이며 수탈자든 침략자든 그 의도에 관계없이 결국 무임승차에서 자유로울 수 없을 것이라는 점에서 더욱 그러하다. 그러나 홍하는 이웃이 있어도 선진문명을 자주적으로 변용, 활용하려는 의지와 노력이 없이 모든 주변국들이 다 선진화된 예가 없다는 점에서 일제기 이후 잔존한 자본주의 시장제도와 인적, 기술적 자원이 자연적으로 1960년대 이후 한국경제의 세계사적 도약을 이끌었다고 유추한다면 이는 지나친 견강부회가 되리라 생각된다.

예컨대, 2차대전 이후 그 많은 신생독립국들 중에 적어도 선진 식민국들로부터 소위 자본주의시장경제제도를, 물론 정도의 차이는 있겠지만, 이식 받지 않은 나라가 사회주의국가를 제외하고는 없었을 것이지만, 한국, 대만, 싱가포르 정도를 빼면 경제적 도약을 이룬 나라가 별로 없고, 또한 사회주의로부터의 체제전환국들 중에서도 지난 30-40년 동안 중국을 빼고 경제적 도약에 성공한 예가 별로 없다는 사실을 무시할 수는 없다고 생각한다. 그 많은 아프리카 경제들, 남미 경제들, 인도 등등 시장제도를 이식 받은 나라들이, 왜 그동안, 혹은 아직도 도약에 실패하고 있는가? 아니면, 한국과 대만, 싱가포르와 심지어 중국은 기간의 차이가 있지만 공교롭게도 공통적으로 다 일본의 식민을 경험한 나라들이라는 점에서 서구선진국보다도 더 훌륭한 시장제도를 이식해준 일본의 독특한 식민지배 때문에 도약에 성공했다고 해야 할 것인가? 어려운 질문이긴 하지만 식민지근대화론은 이러한 질문들에 대한 설득력 있는 답을 찾아야,

일제기의 식민지근대화와 박정희시대 경제도약과의 관계를 온전하게 설명할 수 있을 것으로 보인다. 이 책은 제2부에서 이들 질문에 대해서 답을 하게 될 것이다.[12]

시장부국 패러다임과 기업부국 패러다임

여기서 더 본질적인 문제는 아마도 자본주의경제의 발전 메커니즘이 무엇이냐 하는 문제가 아닌가 싶다. 자본주의 맹아론이나 식민지근대화론이나 일제기의 기여문제에 대한 현격한 입장 차이에도 불구하고 시장교환경제의 형성을 자본주의 경제의 특징적 현상이라 보는 관점은 모두 공통적인 것으로 보인다. 단지 그 내재적 맹아를 일제가 잘라버렸느냐 아니면 아예 없는 맹아를 일제가 이식했느냐의 차이일 뿐인 것이다. 이런 시장중심사고를 "시장부국패러다임"이라 할 수 있다. 그러나 이미 지적했고, 또한 다음에 상술하는 바와 같이 본서의 기업부국 패러다임은 "농경사회와 자본주의 경제의 본질적 차이는 시장의 유무가 아니라 시장의 불완전성을 극복하기위한 주식회사라는 현대적 기업조직의 유무에 있다."고 주장한다. 시장은 인류와 늘 함께해온 우리의 삶의 현장이지만 시장(제도)만의 힘으로 자본주의 산업혁명이 일어나기는 어려웠다는 것이 역사의 경험이라고 본다. 본서는 이론적으로나 역사적 경험으로나 자본주의 기업조직인 주식회사제도의 발명과 이들 기업의 흥망성쇠가 바로 자본주의경제의 흥망을 결정해왔다고 주장한다.

이런 관점에서 보면 다음과 같은 몇 가지의 의문에 부딪치게 된다. 우선, 인류는 1만5천 년 전 수렵과 채집시대부터 수렵과 채집에 각각 전문화한 물물교환에서부터 시작하여 농경사회 수천 년 동안 교환경제생활을 영위하였다. 그러나 교환경제만으로 경제발전은 일어나지 않았다. 지금의 자본주의 경제발전은 오직 지난 200년의 역사에 불과하다. 이와 같이 장마당이 발전하는 것만으로 산업혁명이 일어나지는 않았다는 역사적 사실에 비추어 보면 오늘날의 한국 경제발전의 뿌리를 조선조 말의 장마당에서 찾을 수밖에 없는 자본주의 맹아론은 지나친 견강부회라는 비판을 면키 어려울 것이다. 한편, 마찬가지로 식민지근대화론의 경우도, 일본 패망 후 모든 일본(재벌)기업들이 철수하고 특히 남한에는 장마당과 일부 생필품 산업을 제외하면 산업이라 할 산업이 없고, 내놓을 만한 기업이 없는, 그리고 그것도 해방 후 15년 이상을 전쟁 등으로 황폐화되어 거의 전자본주의적 농경사회로 퇴행했던 경제가 60년대 이후 저절로 일본이 심은 재산권제도 등 시장제도와 일제기에 축적된 인적, 기술적 자본 때문에 산업화를 일으킬 수 있었다고 주장한다면 이것 또한 견강부회라는 비판을 면치 못할 것으로 보인다. 물론 역사에 단절은 없다는 측면에서 그리고 앞에서 지적한 성공노하우의 무임승차원리에서 보면 이 주장에 일리가 없는 것은 아니다. 심지어 개발연대 산업화를 이끈 박정희의 인적자본마저 일제기의 산물이며, 경제개발전략도 많은 경우 일본의 경험을 중용했다는 점에서 더욱 그러하다고 주장할 수 있을 것이다. 허지만, 후술하는 바와 같이 경제발전을 조직화해낼 기업이 왕성히 일어나지 못한다면 시장이 활성화되기는 어렵고, 인적, 기술적자본도 유용한 경제재로 전환되기 어려우며, 따라서 경제발전을 일으키기는 어렵다는 점에서 이들 일제기 유산이 한국경제 산업화의 주요 동인이라 주장하기에는 한계가 있다고 생각한다. 기업부국패러다임의 관점에서 보면 해방이후 기업이 공동화(空洞化)된 한국경제는 일제기 유산의 긍정적 기여에도 불구하고 이미 산업혁명의 자생력을 상실한 것이나 다름없었던 것이 아닌가 싶다. 따라서 박정희 시대의 결정적인 공헌은, 이승만은 물론 일제기의 유산 위에서, 공동화된 기업생태계를 재생시켜 세계시장을 개척하는데 성공했다는데 있다고 할 수 있다. 물론 이 기업부국이라는 아이디어마저도 일본이 뿌리라고 하면 논쟁은 산업혁명의 원류인 서구, 영국으로 가야 하겠지만..

정부에 의한 시장화(市場化) 보완기능

다소간 단순화의 위험이 있지만, 사유재산권과 경제적 자유가 확보되면 시장이 알아서 산업화를 가져올 것이라는 시장중심적 사고는 주류 신고전파경제학과 신제도경제학의 합작품이라 할 수 있는데 후술하는 본서의 삼위일체 발전론은 바로 이들 주장의 현실설명력의 한계에서 출발하고 있다. 본서의 관점에서 보면 다음과 같은 의문을 피할 수 없어 보인다. 오늘날 지구상에 북한 말고 재산권보장이나 광범위한 시장교환경제를 하지 않는 나라가 얼마나 있으며, 사회주의경제들이 자본주의경제체제로 전환한 이후 30~40년 가까이 되는데도 20세기 후반 이후 경제적 도약에 성공한 나라가 몇이나 되는가? 시장의 힘은 다 어디에 갔는가? 라는 의문이 생길 수밖에 없다할 것이다. 오늘날 북한에 장마당이 활성화되고 있어 자본주의시장경제로의 전환이 이루어지고 산업화로 가리라고 낙관하는 사람들이 많은데 이들의 생각도 시장 중심적 사고의 틀을 못 벗어나고 있는 것이다.

시장제도가 들어오면 바로 경제발전을 가져오리라는 생각은 때로 제도경제학에 대한 과신에서 나오기도 한다. 특정 제도 속에서 형성되는 생각과 행동의 경로의존성 때문에 아무리 좋은 새로운 제도가

들어와도 그 효과가 나타나는 데는 장시간이 소요되거나 어쩌면 집행력의 미흡 등으로 전혀 효과가 없을 수도 있음을 잊어서는 안 된다. 제도의 효과성은 집행이 관건이기 때문이다. 시장제도로 경기규칙이 바뀌면 바로 모든 경제주체들이 자본주의시장경쟁의 선수가 되는 것이 아니라 훌륭한 선수가 되려면 훈련이 필요한 법이다. 즉 자본주의시장제도를 깔고 경쟁의 게임을 통해 국민들이 과거 농경사회의식과 행동패턴에서 벗어나 자본주의 시장경쟁에 적극 참여하도록 유도해 내는 일을 정부가 보완하지 않고 그대로 저절로 산업화를 이룬 예는 많지 않아 보인다. 후술하는 바와 같이 본서는 이를 잠자던 농경사회를 깨워 시장경쟁에 몰입시키는 시장화(市場化) 과정이라 부르고 있다. 국가가 개인이나 기업의 경제적 성과에 따른 차별적 인센티브정책을 통해 스스로 돕는 경제주체를 우대하는 시장의 차별화기능을 강화함으로써 모든 국민을 자본주의적 성공경쟁에 몰입시키는 과정을 시장화 과정이라 할 수 있다. 후진국이란 바로 시장의 경제적 차별화기능이 취약한 경제를 의미하기 때문에 이 기능을 정부가 보완 강화할 경우 도약의 시간을 단축할 수 있다.[13] 자생적 시장화과정을 거쳤다는 서구의 산업혁명은 200~300년의 세월이 걸렸지만, 20세기 동아시아 성공경험에 의하면 정부가 더 적극적으로 시장화 보완기능을 수행하면 20-30년의 한 세대 안에도 경제도약이 가능하다는 것이 역사적 경험이다. 이러한 시장화과정의 필요성을 이해할 수 있어야 왜 오늘날 전 세계 200여개의 자본주의경제들 중에 1/4정도의 소수만이 성장의 혜택을 누리고 있는지 이해할 수 있을 것이다. 바로 이러한 정부의 시장화 보완기능을 적절히 동원하여 기업과 개인의 성장유인을 극대화시킴으로써 산업화 기간을 획기적으로 단축하여 소위 초고속 압축성장을 가능케 한 것이 박정희 기업부국 성공패러다임이라는 것이 본서의 주장인 것이다. [14]

주

1. 이 장의 논의는 일부 졸저(2012)에 서 자유롭게 인용하였음.
2. 복잡계적 관점에서 본 부(富)의 창출과정에 대한 유사한 설명은 Beinhocker(2006) 참조.
3. 매트 리들리(2001), 17쪽 혹은 원서 인 Ridley(1996), pp. 6~7 참조.
4. 이상 영국과 중국의 인구구조 변화 에 대한 설명은 그레고리 클라크 (2009)에서 인용하였음.
5. 가정경제학의 발견에 의하면 아이 의 수(number)는 소득 효과가 마이 너스인 기펜재(Giffen's good, 빈자 재)인 반면, 아이의 질(quality)은 소 득 효과가 1보다 큰 사치재(luxury good)임을 상기하면 소득수준이 높 을수록 출산율이 낮아지는 반면, 교 육투자는 늘어난다고 볼 수 있는데 영국은 다산(多産)인 저소득계층이 소멸한 반면, 중국은 저소득계층이 오히려 증가한 셈이다.

6. 이 절의 일부 주제에 대한 더 상세한 기술은 한국경제 60년사 발간위원 회(2010) 참조.
7. 원조수혜 자료는 한국경제60년사 발간위원회(2010)에서 인용.
8. 박정희 대통령의 삶과 그 성취의 명 암 등 종합적인 인간 박정희에 대한 평가는 조우석(2014)을 참조하기 바 람. '자본주의 부국강병'이라는 용어 는 이 책 296쪽에서 빌려왔다.
9. 이 문단의 주장은 졸저(2008, 2012) 와 Jwa(2015)에서 체계적으로 이론 화하였다.
10. 자본주의 맹아론은 식민지 수탈론 혹은 내재적 발전론이라 불리기도 한다.
11. 이 논쟁에 대한 상세한 논술에 대해 서는 이영훈(2007) 참조.
12. 첫 번째 질문에 대한 답은 "시장만의 힘으로 경제발전은 어렵다."이다. 바 로 다음 절과 제2부 제3장의 삼위일 체발전론이 이 질문에 답한다. 상기 두 번째 질문에 대한 답이 "그렇다." 이면, 그 다음에는 일본의 식민제도 중에 무엇이 서구 식민제도보다 더

특별했는지 밝힐 수 있어야 할 것이다. 물론 이 질문에 대한 답이 긍정적이긴 어렵다고 생각한다. 본서의 관점에서는 이들 나라의 공통적 성공 요인은 바로 기업부국 전략의 성공에 있다고 본다. 물론 이 전략은 자본주의경제 도약의 보편적 원리라는 것이 후술하는 삼위일체발전론의 요체이다. 따라서 이를 일본식민의 결과라고 하기는 어렵다고 생각한다.

13. 이에 대해서는 제2부에서 상세하게 논술할 것이다.

14. 후술하는 바와 같이 박정희 대통령의 성공한 경제정책들은 모두가 시장화 과정을 촉진한 정책들이었다. 특히 새마을 운동이 그 전형적인 예라 할 수 있다. 이런 관점에서 보면 오늘날 도약에 실패하는 많은 후진국들은 정부가 오히려 국민들의 시장화 노력을 저하시키는, 즉 성장의 동기를 차단하는 평등주의 정책을 채택하고 있음을 확인할 수 있다.

2부

박정희 시대, 위대한 성장:
오해와 진실

그럼 이제부터 한강의 기적을 이끈 박정희 경제정책 패러다임의 실체를 구체적으로 알아보자. 그것은 그 시대 한국이라는 특수한 상황에서만 작동되었던 특수 사례에 불과한 것인가, 아니면 언제 어디서나 보편적으로 작동되는 일반이론이 될 수 있는 것인가? 이제부터 박정희 경제정책 패러다임의 실체를 하나하나 밝혀 보자. 결론부터 말하자면 박정희 경제정책 패러다임은 언제 어디에서나 어느 상황에서나 보편적으로 작동될 수 있는 일반이론이라는 것이며 바로 이런 점에서 박정희 시대의 진정한 가치가 있다.

이미 역사의 유물이 된 죽은 이론이 아니라 한강의 기적을 통해 이미 검증된 오늘도 여전히 운동력이 있는 살아 있는 이론이다. 이

것이야말로 오늘의 우리는 물론 세계 선진국이 당면하고 있는 성장 정체와 양극화의 문제를 해결하고, 청년들과 노인들을 위한 새로운 일자리를 만들어 내며, 우리의 도움을 학수고대하고 있는 다른 개발도상국의 경제발전을 돕고, 그들의 삶의 질을 개선시킬 수 있는 유용한 경제정책 패러다임이다.

1장

역사 속에 잊힌 박정희의 성공원리

한강의 기적을 이끈 박정희 시대가 역사 속으로 사라진 지 40여 년의 시간이 흘렀다. 그동안 대부분의 국내 정치학계는 물론 경제학계마저도 박정희 시대의 성공을 부정 혹은 폄하하는 것이 대세였다. 정치권에서도 진지하고 객관적인 평가와는 거리가 먼 찬반의 첨예한 정치적·이념적 평가만 난무하고 있다. 그동안 박정희 시대의 성공을 부정 혹은 폄하하는 것이 마치 소위 민주 지식인의 사명인 것처럼 치부되어 왔음도 부정하기 어렵다. 이미 한국사회에서 박정희 시대의 성공원리는 교훈으로 배워야 할 대상이라기보다는 극복·청산되어야 할 대상이 되어버린 지 이미 오래되었음도 부정할 수 없다.

이와 반대로 국제적으로는 그동안 많은 나라들이 한국이 이룬 한강의 기적을 배우자고 애쓰고 있다. 국내외 관련 연구기관들이나 일부 학자들은 박정희의 성공정책들을 후진국에 전수한다고 요란을 떨어 왔다. 그럼에도 불구하고 소위 박정희 성공전략의 진수가 무엇이냐, 혹은 박정희주의가 있기나 한 것이냐고 물으면 어느 누구도 시원한 답을 하지 못하는 것이 오늘날 학계의 현실이다.

좀 더 현실적으로 물어보자. 국내 각종의 해외개발 지원기관이나 관련 연구기관들은 그렇게 많은 예산과 인력을 쓰면서 해외지원 사업을 해 왔다. 그런데 그 중에 콕 집어 우리의 경험 전수가 경제적 도약에 가시적인 기여가 되었다고 내세울 만한 나라나, 아니면 개별 사업의 경우라도 성공 사례들이 그동안 얼마나 있었는가? 시원한 긍정적 답을 기대하기는 어려운 형편이다. 예컨대 그동안 수없이 새마을운동을 해외에 전수한다고 애써 왔지만 한 곳이라도 지속가능한 운동으로 제대로 정착되어 국가발전에 가시적 기여를 하고 있는 나라가 있는가? 단순히 박정희 정책이나 사업의 전수가 아니라 이들 정책이나 사업의 바탕에 흐르는 성공원리를 제대로 이해하고 있느냐가 관건임에도 이 원리를 구명(究明)하는 데 실패하고 있기 때문에 노력에 비해 성과가 부실한 것이 아닌가 생각한다.

필자의 눈에는 박정희를 부정하는 사람들이나 인정하는 사람들이나 모두 '박정희 성공원리'의 객관적 실체에 대한 진지한 구명 노력보다는 각자의 도그마화된 이념이나 혹은 특수한 이론적 시각에서 자기들 구미에 맞게 '허수아비 박정희'를 그려놓고 비판하기도 하고 칭찬하기도 하는 반(反)실사구시(實事求是)적인 자기만족적 해석에 안주하고 있는 것으로 보인다.

2장

박정희 부정의 논리와 허점들

박정희 시대 성공의 불편한 진실

박정희 시대는 무엇을 만들어 냈는가? 여기서 박정희 시대가 만들어 낸 경제적 결과를 돌이켜 볼 필요가 있다. 단순히 높은 성장률이나 분배와 같은 거시적 성과지표가 아니라 그 시대의 정책과 그 정책들이 만들어 낸 한국경제의 특징들을 살펴볼 필요가 있다. 무엇보다도 박정희 시대에 대한 찬반논쟁을 제대로 이해하기 위해서는 소위 불편한 진실을 살펴볼 필요가 있다. 박정희 시대 한국의 경제발전은 다음과 같은 몇 가지 역설로 설명할 수 있다.

첫째, 주류 경제학에서는 폐기처분한, 자원배분의 왜곡을 초래한다는 정부 주도 산업정책을 통해 성장했다.

둘째, 정치적 자유와 경제적 자유를 제약한 비민주적 정부에 의해서 성장했다.

셋째, 친재벌정책으로 경제력 집중과 기업 부문의 불균형을 초래했다.

넷째, 지역 간 불균형 발전을 초래했다.

박정희의 경제적 성공은 거시지표에 의해 쉽게 확인되지만 문제는 위와 같은 일부 특정 정책이나 성공에 수반하는 구조적 특징이 바로 찬반 논란의 중심에 있다는 것이다. 바로 이 네 가지의 역설적 특징은 소위 자유 시장경제, 자유민주주의, 균형발전 등 기존의 주류 이론이나 이념이 선호하는 관점에서 보면 이단적으로 보일 수밖에 없기 때문에 박정희 부정의 원천이 되고 있다. 흥미롭게도 이러한 박정희 부정의 전형적 사례들은 정부의 공식문서에 가까운 연구에서도 쉽게 확인할 수 있다(한국경제60년사발간위원회, 2010).

박정희 부정의 논리

박정희 부정은 신고전파 주류 경제학계에서부터 정치경제학계 나아가 정치계에 이르기까지 사실상 전 사회과학 분야와 사회 전반에 광범위하게 퍼져 있는데 위의 4가지 특징을 통해 그 실상을 규명해 볼 수 있다.

'시장을 신'으로 보는 주류 경제학계의 반박정희 논리

경제학 교과서를 지배하는 신고전파 경제학이나 신자유주의라 불리는 자유주의 경제학은 일부 세부적 강조점에서 차이가 나지만 시장에 자원배분의 절대적인 권능을 부여하고 신격화한다는 점에서 대동소이하다. 이들을 같이 묶어 주류 경제학이라 해도 무방하다.

이들 주류 경제학계는 첫 번째 역설인 정부 주도 산업정책의 성공에 가장 불편해 한다. 신고전파 경제학에서는 이미 오래전부터 정부 주도 산업정책은 자원배분의 왜곡 때문에 성공 가능성이 없으므로 폐기되어야 할 정책이라고 가르쳐 왔다. 박정희는 수출진흥정책이나 특히 중화학 공업 육성정책 등에서 바로 경제학이 하지 말라는 정책을 한 셈이기 때문에 주류 경제학계는 곤혹스러울 수밖에 없는 것이다. 나아가 시장 중심의 신자유주의 경제학계도 곤혹스럽기는 마찬가지이다. 박정희의 산업정책은 시장보다 정부의 역할을 강조할뿐만 아니라 경제적 자유의 제약을 수반할 수밖에 없기 때문이다.

더 나아가 주류 경제학계에게는 두 번째, 비민주적 정부의 역설에 대해서도 곤혹스러워한다. 자유주의 경제학자들은 더 곤혹스럽다. 박정희 시대를 경제적 자유가 신장된 시대라 부를 수는 없어 보이기 때문이다. 경제적 자유가 없어도 경제가 발전한다니 자유주의 경제학계가 수용하기는 어려운 명제이다. 이들은 지금 중국의 발전에 대해서도 썩 그럴듯한 설명을 하기 어렵기는 마찬가지이다.

이들은 또한 세 번째, 재벌육성의 역설도 수용하기 어려워한다. 박정희가 재벌을 육성해서 독점기업은 물론 한국경제의 온갖 정치 경제적 문제의 원천을 만들어 냈으니 "독점자는 없어야 하고, 모두 규모가 같고 평등하고 균형을 이룬 완전경쟁시장이 최상의 시장"이라 보는 신고전파 경제학계의 입장에서 보면 이 결과 또한 수용하기는 어렵게 된다. 더구나 친재벌, 반중소기업 정책으로 중소기업 성장기반을 약화시켰으니 더더욱 받아들이기는 어려운 것이다. 정도의 차이가 있지만 자유주의 경제학계도 이들 결과들을 쉽게 받아들이기 어려운 것은 마찬가지다.

네 번째, 지역 불균형의 역설은 이를 명시적으로 부정하는 주류 경제학 이론이 있는 것은 아니지만 정치경제학에 치우쳤던 과거 경제발전론이 균형성장을 강하게 지지해 온 전통 때문에 아직도 부정적으로 보는 경향이 많다. 이렇게 보면 주류 경제학계는 그들이 신봉하는 경제학 논리 때문에 정도의 차이는 있지만 박정희의 성공을 그대로 받아들이기 어렵게 된다.

이런 상황은 아직도 한국의 경제발전 경험을 예외적 현상으로 치부하고 있는 세계 주류 경제학계도 마찬가지이다. 박정희는 결과적으로 경제발전을 이루었지만 우리 이론과 신념에 맞지 않는 방식으로 해서 이해할 수도 없고 지지할 수도 없다는 입장인 셈이다.

민주주의를 '신'이라 보는 정치학계와
정치계의 반박정희 논리

한편 민주주의를 신격화하는 정치학계나 정치계는 박정희가 군사쿠데타, 유신 등 민주질서에 반하는 정치를 했기 때문에 어떠한 경제적 성공도 인정할 수 없다는 입장이다. 자유민주주의 질서에 반하는 어떤 정치도 그 성과에 관계없이 배격되어야 한다는 극단적 주장도 있지만 어느 정도 경제적 성과를 인정해야 한다는 현실 타협적 입장도 있다. 하지만 후자의 경우도 박정희 시대의 권위주의적 정치가 어떠한 경제적 의미를 갖는지 이해하지 못하고 있어 박정희 시대를 올바로 평가하는 데 실패하고 있다. 셋째, 넷째 불균형 혹은 역설에 대해서도 평등의 민주정치 이상에 부합하지 않다고 본다. 결국

민주주의를 신격화하는 정치학계나 정치계는 박정희가 민주주의의 이상인 자유와 평등, 모두에 반하는 결과를 가져왔기 때문에 박정희의 성공을 인정하기가 낙타가 바늘구멍을 통과하기만큼이나 어려운 일이다.

평등을 '신'으로 보는
좌파 경제학자들의 반박정희 논리

경제적 평등을 가장 중요한 가치로 여기는 좌파 경제학자들에게 박정희는 양날의 칼이다. 중소기업에 불리한 대기업, 재벌경제를 만들어 내어 기업 생태계의 불균형을 초래하고 지역발전의 불균형을 초래하는 등 경제적 불평등을 조장한 박정희 패러다임은 인민의 적인 셈이다.

그러나 큰 정부가 부의 재분배와 규제정책을 통해 더 평등한 경제를 만들어야 한다는 논리를 주장하는 좌파 입장에서 정부의 적극적인 산업정책 역할을 중시한 박정희 패러다임을 온통 부정하기는 어렵다. 그래서 일부 좌파 경제학자들은 박정희 산업정책을 옹호하기도 한다. 그러나 이 경우에도 실패한다는 산업정책이 왜 성공했는지 설명하는 것보다는 '시장이 하느님'이라는 자유주의 경제학계

에 대한 반론으로 '정부가 하느님'이라고 주장하는 데 그치는 경우가 많다.[1]

반 박정희 논리의 허점들

반 박정희 논리는 이와 같이 다양한 관점에서 제기되고 있고 논리적으로 난공불락인 것처럼 보인다. 그러나 한 가지 명심할 것은 이 모든 논리가 각자의 이론이나 이념에 비춰 박정희 정책이나 그 성공이 수반한 결과를 평가하고 있다는 점이다. 즉 도그마화된 자기 안경으로만 들여다보고 있는 것이다. 여기서 제기되는 더 근본적인 질문은 "그럼 이들이 기준으로 삼고 있는 이론이나 이념은 옳은 것인가?", 혹은 다른 말로 "그렇다면 이들 이론이나 이념을 따르면 궁극적으로 경제발전이 되는 것인가?" 하는 것이다. 이 질문에 대한 답이 부정적이면 이들의 평가는 올바른 평가일 수 없고 실사구시적 학문태도와는 거리가 먼 그저 자기 도그마에 빠진 자기만족적 평가에 그치고 만다.

질문 1: 시장만의 힘으로 성공한 경제가 있는가

인류가 지속적으로 경제를 발전시키고 소득을 키워 온 일은 19세기 산업혁명 이후 최근 200여 년의 역사에 불과하다. 인류는 그전까지 수천만 년을 겨우 생계유지도 어려운 빈곤 속에 살았다. 지금의 서구 선진국들은 19세기 산업혁명을 통해 경제적 도약을 이루던 시절 사적재산권등 새로운 시장제도를 도입하면서도 모두가 정부의 산업 육성정책에 매달렸다. 20세기 이후 경제도약을 이룬 나라는 하나같이 시장중심적이지 않은 풍토에서 산업 육성정책을 통해 일어섰다.

또한 오늘날 지구상에 북한 말고 시장경제를 도입하지 않은 나라가 거의 없는데도 지구상 200여 개의 나라 중 1인당 소득이 1만 달러를 넘어 배고픔의 문제를 해결한 나라가 4분의 1 정도에 그치고 있음은 어떻게 설명해야 하는가? 도처에 먹고사는 문제를 해결하지 못하는 시장경제가 널려 있지 않은가? 도대체 시장은 다 어디 가고 지구촌 곳곳의 가난은 방치되고 있는가? 자유시장을 신봉하는 자유주의 시장경제론자들과 주류 경제학은 이들 질문에 대해 답을 해야 할 것이다.

자유시장경제의 근본은 경제적 자유와 사유재산권 제도이다. 주류 경제학자들은 정부가 할 일은 이런 제도적 장치를 마련할 뿐으로 산업정책 등을 통해 직접 시장에 개입해서는 안 된다고 한다. 그런데 그동안 가시적 경제발전 성과를 보여 온 대다수의 나라들은 하나같이 경제적 자유의 신장보다 정부의 산업정책을 중시해 온 나라들이다. 지금의 중국은 얼마나 경제적 자유를 허용하고 있는가? 연평균 9퍼센트가 넘는 30년간의 성장이 자유시장경제 속에서 이루어진 것이라고 할 수 있는 것인가? 세계무역기구 등을 통해 공식적으로는 정부의 개입을 금지하면서도 오늘날 선진국들은 왜 눈에 보이게 안 보이게 산업 육성정책을 시행하고 있는가? 주류 경제학계 및 자유시장경제론자들은 이런 질문들에 대해서도 시원하게 답할 수 있어야 할 것이다.

자유시장을 신봉하는 주류 경제학이나 자유주의 경제학계는 이상의 관찰과 질문에 대해 별 신통한 설명을 하기가 어려운 것이 현실이다. 시장경제이론은 '주어진 자원과 부의 최적 배분원리'로서 최상의 정치성을 뽐내어 경제과학(economic science)이라고 노벨상까지 받고 있다. 그러나 불행하게도 '새로운 자원과 부의 창출원리', 즉 경제의 발전이론으로서는 현실 설명력을 잃고 있다. 이론상의 시장, 즉 완전경쟁시장은 이미 신처럼 도그마화가 되었으나 아직도 빈곤과 기아문제를 해결할 수 있는 현실의 경제성장과 발전의 해법은 오리무중인 셈이다. 배분경제학(allocation economics)을 넘는 더 높은 차원의 발전경제학(development economics)은 아직도 암중모색 중이다. 그렇기 때문에 주류경제학이 자원배분의 왜곡을 초래한다고 보는 소위 이단적 정책으로 이룬 당대 최고의 동반성장을 설명하기는 어려워진다. 자원배분을 왜곡하는 정책이 최고의 성장을 가져온 기현상을 어떻게 쉽게 받아들일 수 있을 것인가?

또한 자유는 그 자체로서 무엇과도 바꿀 수 없는 가치일 수 있지만 이것이 자동으로 경제발전을 보장하지도 않는다. 여기서 더 나아가 자유시장경제론자들의 딜레마는 또 있다. 경제적 자유가 충분치 못했던 박정희 시대의 성공을 설명하기가 어려울 뿐만 아니라 지난 30여 년 동안 선진국 진입을 한다고 관치 청산과 경제자율화에 매진해 온 한국경제가 오늘날 부딪치고 있는 성장정체, 양극화, 분배악화문제를 설명하기는 더 어려워진다. 일부 시장 중심론자들이 견강부회식으로 박정희 시대가 경제자유를 신장했기 때문에 성공했다고 해석하기도 하지만 (이런 해석이 일부 타당성이 전혀 없는 것도 아니긴 하지만) 더 적극적으로 경제자유의 신장에 나섰던, 박정희 시대 이후 오늘날의 경제 어려움을 설명하는 데 이르면 설명이 궁색해질 뿐만 아니라 이쯤 되면 소위 경제적 자유가 도대체 무엇을 의미하는지도 애매해지게 된다. 우리는 다음 장에서 이 문제에 대한 새로운 해석을 제시하고자 한다.

질문 2: 선(先) 민주화가 경제발전을 가져온 경우가 있는가

오늘날 민주주의는 하느님의 경지에 이르러 누구도 넘보지 못하는 절대적 선이 되었다. 그래서 심지어 모든 경제문제에도 '민주'라는 접두어나 접미어가 최상의 인기 용어가 되고 있다. 경제발전에 있어서도 민주주의가 선결되어야 경제가 발전한다는 주장이 인기를 얻고 있다. 물론 이는 자유시장론과 결합하여 설득력을 더하고 있다. 그러나 실상은 반대이다. 제2차 세계대전 이후 독립한 많은 나라들 중에 시장경제와 서구식 민주주의를 받아들여 경제적으로 성공한 나라가 몇이나 되는가? 감히 별로 없다고 해도 크게 틀리지 않으리라.

역으로 지난 세기 가시적 경제발전을 이룬 나라들이 진정 제대로 된 민주주의를 이룬 나라들이라고 할 수 있는가? 한국은 물론 중국, 싱가포르, 타이완이 민주주의를 해서 성공했다고 할 수 있는가?[2] 같은 관점에서 오늘날 선진화된 서구 선진국들의 19세기 도약과정이 오늘날 같은 민주질서 하에서 이루어진 것이라 할 수 있는가? 오늘날 서구 선진 민주국가들의 경제는 본받을 만큼 역동적으로 잘 나가고 있는 것인가? 민주주의와 시장경제 혹은 경제발전은 친구가 되기 어려워 보인다. 프랜시스 후쿠야마는 '민주주의와 시장경제'가 역

사발전의 끝이라 했는데 성급한 결론이 아닌가 싶다.[3]

왜 민주주의와 시장경제 나아가 경제발전은 친구가 되기 어려운가? 우선 이들의 원리가 서로 다르다는 점을 인식할 필요가 있다. 민주주의는 자유와 평등을 그 원리로 하지만 후술하는 바와 같이 시장은 항상 결과의 불평등을 만들어 냄으로써 동기부여를 통해 경제발전을 이끄는 장치이다. 시장경제는 경제적 불평등이 그 기본원리이다. 따라서 민주정치가 정치 영역을 넘어, 즉 정치적 평등을 넘어 경제적 평등을 추구하게 되면 민주주의와 시장경제, 나아가 경제발전이 같이 갈 수 없게 된다. 오히려 민주정치가 경제발전의 장애 요인이 될 수 있는 것이다. 이제 정치개혁보다 시장경제개혁을 먼저 한 중국이 이와 반대로 개혁을 한 러시아나 여타 동구권 체제전환국들보다 더 경제적으로 앞서가는 이유를 알 수 있으리라.

이제 정치학계, 정치경제학계, 정치계의 민주지상주의가 경제발전의 장애가 될 수 있음을 이해할 수 있으리라. 그렇다면 박정희의 권위주의 정치가 어떻게 경제발전과 양립할 수 있었는지도 어느 정도 보일 것이다. 이들이 자신들의 도그마로 박정희 혹은 경제발전 문제를 보는 것은 뭐라 할 수 없겠으나 민주화가 되어야 경제가 발전할 수 있다는 주장은 옳은 명제가 아님을 명심하면 좋겠다.

질문3: 기업의 성장과 경제력의 집중 없이
경제가 발전하는 예가 존재하는가

자본주의 경제는 기업경제다. 자본주의 경제는 주식회사 기업제도의 혁신을 통해 진화해 온 경제체제이다. 그리고 그 발전도 기업의 성장발전을 통해 견인되어 왔다. 오늘날 국가 간 1인당 소득의 순위와 『포춘』 500대, 1,000대 일류기업의 보유 순위와 대기업 비중(경제력 집중)의 순위가 높은 상관관계를 보인다는 사실을 잊지 말아야 한다.[4] 그리고 후술하는 바와 같이 기업의 성장 없이 경제발전은 없다. 성공하는 기업에의 경제력 집중 없이 성공한 경제가 없음을 잊지 말아야 한다. 혹자들은 타이완을 반대 예로 들겠지만 이는 적절한 예가 아니다.[5]

질문4: 평등한 경제가 발전할 수 있는가

시장에만 맡겨 놓는다고 해서 경제가 발전한 예를 찾기가 어렵지만 또한 제대로 기능하는 시장이 없이 경제가 발전하기도 어렵다. 현실 시장은 경제적 노력과 성과에 따라 보상을 차등함으로써, 즉 경제적 불평등을 촉매로 모두를 열심히 움직이게 하는 동기부여장치이다.

노력과 그에 따른 성과와 관계없이 모두가 평등한 보상을 받는 사회가 경제발전을 일으킬 수 없음은 너무 자명하다. 이런 사회는 전 국민의 사보타지, 즉 일 안하기 운동에 직면하게 될 것이 자명하기 때문이다. 사회주의의 몰락이 바로 경제평등원리 때문이고, 자본주의 경제의 발전은 바로 시장의 불평등 창출기능 때문인 것이며, 그래서 평등지상주의가 경제를 발전시킬 수 없는 일임을 이제 이해할 수 있으리라.

경제발전의 본래 의미는 모두가 가난하고 평등했던 농경사회가 점차 부자들이 생성되는 산업사회로 창발해가는 과정을 의미한다. 따라서 경제의 발전과정은 불균형발전이 기본이며 평등발전은 형용의 모순이다. 모두가 발전하면서도 같아질 수 없는 과정이다. 대기업과 중소기업 간, 지역 간 불균형이 반박정희 논거가 될 수 없음을 알 수 있으리라.

이상의 논의를 바탕으로 볼 때 반박정희 논거는 논리적·현실적 근거가 희박하다.

3장

'삼위일체 경제발전론'[6]

박정희 경제정책 패러다임의
이단성과 해석상의 딜레마

박정희의 성공요인을 실사구시적(實事求是的)으로 이해하기 어려운 것은 이미 지적한 바와 같이 박정희 시대의 정책 패러다임과 그 결과의 이단성 때문이다.

　　주류 시장 중심의 경제학 교과서가 해서는 안 된다는 정책을 선택하고, 결과적으로 경제발전이 지향해야 한다는 균형발전과는 다른 결과를 초래했으며, 더욱이 곤혹스러운 것은 오늘날의 시대정신이라 할 자유민주주의와 시장경제 체제가 지향하는 정치·경제적 자유를 상당부분 희생하면서도 경제적 기적을 이룬 박정희 산업화의 패러다임은 주류 경제학이나 자유민주주의 이념의 입장에서는 이해하기도 어렵고, 받아들이기도 어려운 것이 사실이다. 이것이 바로 그동안 박정희의 성공원리를 구명하고 전파하는 데 결정적인 장애로 작용한 배경이라고 볼 수 있다.

필자는 오랫동안 기존의 경제학 이론이나 정치철학 담론으로는 박정희 시대에 이룬 한강의 기적뿐만 아니라 일반적인 경제발전 현상마저도 논리적으로 설명하기가 어렵다고 주장해 왔다. 시장 중심적 주류 신고전파경제학은 자유시장의 역할을 신격화하고 있지만 이미 지적한 바와 같이 경험적으로나 원리적으로나 시장은 항상 불완전하며 시장만의 힘으로 경제도약에 성공한 사례는 찾아보기 어렵다.

동어반복적인 신고전파 성장이론이나 유기적인 경제적 사고체계가 결여된 단편적인 정책모음에 불과한 워싱턴 컨센서스 등이 그 대표적 예이다. 이 패러다임에는 무슨 일이나 결과를 추구해야 한다(what to do?)는 주장은 있으나 어떻게 해야 그 일을 달성할 수 있는지 혹은 성공하는지(how to do?)에 대한 원리(노하우)에 대한 설명은 없다. 그냥 시장이 해결할 것이라는 막연한 주장이 있을 뿐이다.

따라서 때로 정부의 개입을 앞세워 성공한 박정희를 설명하기는 어렵다. 평등이념과 배치되지 않는 동일한 경제주체를 가정하는 경쟁시장 모형에 대한 믿음 때문에 경제적 불균형을 초래한 박정희를 그냥 수용하지도 못한다. 그러니 견강부회하지 않고 자유시장 패러다임으로 박정희의 정부 주도 산업화 성공을 설명하기는 불가능하다.

정부 중심적인 경제정책 사고 또한 정부의 역할을 강조하고 있지만 왜 그 많은 경제들이 정부의 산업화 노력에도 불구하고 성공하지 못하는지, 그리고 소수의 성공 사례들이 정부 주도로 성공했다고 하지만 정부의 어떠한 역할 혹은 어떤 노하우가 성공을 가져왔는지 설명하지 못하고 있다. 아니면 왜 그 많은 정부 개입이 실패하는지도 설명하지 못하고 있다. 정부의 산업정책 주창자들이 그 예이다. 이들은 "산업정책이 사전 승자 선택의 어려움 때문에 성공하기 어렵다."는 시장 중심적 주류학파의 비판에 여전히 속수무책이다. 따라서 이들 논리로는 박정희의 산업정책 성공을 설명하기 어렵다.

한편 사회주의의 몰락에도 불구하고 사회민주주의가 보편화되면서 경제평등주의가 새로운 정책 패러다임으로 등장하고 있다. 그러나 이를 채택한 많은 나라들은 경제 정체를 경험하고 있으며, 체제의 지속 가능성조차 심각히 도전받고 있다. 경제적으로 평등한 사회를 추구하는 수정자본주의 혹은 사민주의 정치경제 체제가 그 예이다. 이 정책 패러다임은 경제적 평등이 무엇보다도 우선하는 가치이기 때문에 경제적 불평등을 수반한 박정희 성공을 설명하기도 받아들이기도 어렵다.

나아가 이 모든 기존 경제이론이나 정책론들은 자본주의 경제의 발명품인 주식회사 제도의 경제발전 역할을 충분히 반영하지 못하고 있다. 자본주의 경제의 산업혁명과 그동안의 지속성장이 자본주의적 주식회사 제도의 등장, 활성화와 괘를 같이하고 있으나 주류 경제학은 아직도 기업을 경제발전의 핵심동력으로 포용하지 못하고 있다. 그러나 필자의 관찰에 의하면 한강의 기적은 물론 일본의 메이지유신 이후의 산업화와 중국의 지난 30년 성장 모두가 기업의 성장을 통해 실현되었으며 사실상 서구 등에서의 앞선 산업화 경험 모두가 기업 주도 성장과정이었다. 따라서 시장이나 정부 어느 쪽을 강조하든 기존의 경제성장과 발전이론이 박정희의 성공을 설명하기는 어려워진다.

이하에서는 이런 문제점들에 대한 인식 하에 한강의 기적을 설명할 수 있는 이론적 틀로서 서구의 경제발전 경험은 물론 일본, 한국, 중국 등 동북아의 경제발전 경험을 모두 일반적 현상으로 포용할 수 있는 경제발전의 일반이론을 간략하게 소개하고자 한다. 이 이론은 "시장, 기업, 정부 모두가 경제발전의 필수적 요소로서 3자가 삼위일체가 되어 경제적으로 우수한 성과를 더 우대하는 신상필벌의 원칙을 준수, 실천할 경우에만 경제적 도약과 지속성장이 가능하다.”고 주장한다. 필자는 이 이론을 '삼위일체 차별화 경제발전론'이라 명명하였다.

경제발전에 대한 새로운 이해

경제발전 현상은 그 양식과 내용면에서 새롭게 정의할 필요가 있으며, 이를 설명하기 위해서는 새로운 발전이론이 필요하다.

경제발전은 '홍하는 문화유전자'의 복제·전파과정이다

경제발전은 변화의 형식으로 보면 홍하는 이웃을 따라 경제성공과 발전의 노하우를 배워 홍하는 자로 변신하는 과정이다. 개인만이 아니라 문명, 경제, 나아가 기업의 발전과정이 다 이러하다. 위대한 성공선례를 무임승차하여 따라 배우는 과정이 발전과정이다.

따라서 홍하는 이웃을 넘치게 하는 사회는 발전하지만 홍하는 이웃을 청산하거나 폄하하는 사회는 경제정체를 못 면한다. 자본주의 경제의 발전사는 바로 "흥하는 이웃이 있어야 나도 흥한다."는 경제발전 이치를 실현해 온 과정이다. 자본주의 경제를 가진 자와 못 가진 자의 계급투쟁의 장이며 경제 불평등을 초래하는 모순된 체제라보고 공산주의 혁명을 선도한 칼 마르크스는 "흥하는 이웃이 있어내가 망한다."고 주장한 셈인데 이는 경제발전의 이치를 거꾸로 본것이다. 그러니 사회주의 체제가 멸망할 수밖에 없었던 것이다. 흥하는 이웃을 청산하니 모두가 망하는 결과를 초래한 것이다.

경제발전은 복잡경제의 창발현상이다

경제발전은 그 내용면에서 보면 복잡경제의 창발현상이다. 주류경제학은 시장을 자원배분의 장으로 생각한다. 주어진 자원을 주어진목적에 효율적으로 배분하는 장치라고 해석한다. 그리고 경제발전은 예컨대 마차를 10대 만들던 사회가 자원배분을 잘해 100대를 만들게 되는 현상이라 설명한다. 그러나 경제발전이란 마차를 타는 농경사회에서 그냥 마차를 더 만드는 농경사회로 가는 선형적인 변화과정이 아니라 경제의 내용이 더 복잡해지면서 마차사회에서 기차,자동차, 비행기, 우주선 사회로, 경제 시스템이 비선형적으로 고차원화되는 창발과정이다. 농경사회에서 산업사회, 지식기반 사회 등으로 질이 바뀌고 그 복잡성이 증폭되는 과정이다. 경제가 주어진 재화 생산에 안주하는 것이 아니라 끝없이 새로운 재화를 추가하고 심지어 자원마저도 새롭게 창출하는 과정이 동태적 경제발전 과정인 것이다. 기존 경제학이 그리는 시장은 이런 변화를 설명하기에는 역부족이다. 차원(order)이 정해진 모형에 머물고 있기 때문이다. 모든 정통적 경제분석 모형은 사전에 재화와 서비스의 종류와 수가 정해진, 즉 경제의 복잡성 차원(order of complexity)이 정해진 모형이다. 경제의 차원을 달리하는 변화를 설명하려면 시장을 보는 관점을 달리하지 않으면 안 된다.

경제발전의 원동력, 시장, 기업, 그리고 정부의 역할

시장의 경제적 차별화 기능

필자는 시장을 '신상필벌(信賞必罰)의 원칙에 따라 성과의 차이에 따른 보상의 차별화를 통해 발전의 동기와 유인을 이끌어 내는 경제적 차별화 장치'라고 해석한다. 바로 이런 시장의 차별화 기능이 고차원으로의 경제의 창발을 이끄는 원동력이라고 본다. 소위 스스로 돕는 자만을 도우는 하느님처럼 시장에 참여하는 우리 모두는 열심히 좋은 성과를 내는 경제주체들만 선택·지원함으로써 모두를 더 열심히 노력하게 유도하는 일을 하고 있는 셈이다. 시장에서 소비자로서 우리가 하는 일이란 바로 경제적으로 우리 구미에 맞는 재화와 서비스를 공급하는 기업과 개인들에게 더 많은 구매력(돈)으로 투표한다. 은행도 잘하는 기업과 개인들에게만 더 많은 돈을 그것도 더 싸게 빌려주며, 증시의 투자자들도 잘하는 기업의 주식만을 골라서 사며, 훌륭한 인재들은 좋은 기업에만 몰리고, 기업들도 좋은 인재만 골라 쓰고 좋은 기업들끼리만 거래하려 한다. 그래서 시장에 참여하는 우리 모두는 열심히 좋은 성과를 내는 경제주체들만 선택지원함으로써 우수한 경제주체들에게 경제력을 집중시키는 동시에 이들 모두를 더 열심히 노력하게 유도하는 일을 하고 있는 셈이다.

따라서 경제발전 과정에서는 흥하는 이웃에게는 경제적 부가 모이게 마련이며, 결과적으로 경제발전은 불균형적 현상일 수밖에 없고, 강한 기업에 대한 경제력 집중과 개인, 지역발전의 차등은 발전의 자연스러운 현상이다. 따라서 열심히 노력하여 성과를 내는 기업과 개인에게 경제력과 자원이 집중되고 집적되는 일 없이 발전은 있을 수 없다.

시장의 차별화 기능만으로 발전은 어렵다

그러나 현실 시장은 정보가 불완전하여 많은 경우 보상의 경제적 차별화 기능을 완벽하게 해낼 수 없다. 모든 시장거래는 당사자 간의 거래조건에 대한 합의를 바탕으로 하며 거래계약을 지키게 하기 위한 계약집행 수단을 강구해야 하기 때문에 이를 위한 각종의 정보비용이나 집행비용 등 소위 거래비용이 수반되게 된다. 이런 거래비용이 0이 아닌 한, 어느 기업이 진정으로 일류이며 어떤 개인이 진정으로 잘하고 있는지 분명히 알기는 어렵다.

그리고 앞에서 지적한 대로 경제발전 과정은 앞선 자의 성공 노하우를 따라 배워 내가 더 발전하는 과정인데 이런 성공 노하우는 많은 후발자들이 따라 배울 수 있는 값진 자산이지만 현실적으로 이에 대해 값을 정확하게 산정하기는 너무나 어렵다. 소위 '성공 노하우'라는 재화는 그 실체가 애매하고 너무 추상적이어서 가격 등 시장거래 조건에 합의하기에는 거래비용이 너무 많이 들기 때문이다. 그래서 성공 노하우를 창출하는 선발자들은 항상 후발자들의 무임승차에 직면하게 된다. 이 모두가 다 정보가 불완전하기 때문인데 결국 시장은 성공 노하우의 외부성 때문에 경제발전을 일으키는 데 실패하게 된다.

성공 노하우에 대한 무임승차 현상은 무임승차당하는 버스회사가 결국 망할 수밖에 없듯이 성공 노하우를 창출하는 선발자들을 구축함으로써 열심히 노력하는 국민들의 수는 점점 적어지고 성장하는 기업들은 점점 사라지고, 훌륭한 인재들도 점차 사라져 경제가 정체돼 저개발상태를 벗어나기 어렵게 한다. 이런 시장의 실패 혹은 발전의 실패 현상이 바로 흥하는 이웃들을 체제적으로 폄하해 온 사회주의 체제의 멸망의 원인이며 체제는 다르면서도 정책적으로 폄하해 온 오늘날의 후진국이나 발전이 정체된 선진국들이 부딪치고 있는 문제이다.

기업의 시장실패 교정역할이 중요하다.

여기에서 기업이라는 장치가 등장하여 시장의 경제적 차별화 실패를 교정할 수 있다. 주류 신고전파 경제학은 소위 시장실패의 교정을 정부의 고유기능이라 보고 있지만 사실상 정부보다도 기업이 더 자연스런 시장실패 교정장치이다. 자본주의 경제의 성장은 주식회사라는 새로운 자본주의 기업제도를 발명하여 농경사회의 시장실패와 성장정체를 극복함으로써 가능하였다. 주식회사 기업제도가 없는 자본주의 경제는 상상할 수 없다. 모든 자본주의 기업을 국유화하며 청산한 사회주의가 40~50년 후 모두 몰락하여 결국 농경사회로 역주행했음을 잊지 말아야 한다.

시장거래는 수평적 교환관계를 기초로 하는 반면 기업 내부에서의 자원배분은 수직적 명령, 위계관계를 기초로 한다. 따라서 기업은, 시장과는 달리 조직관리 비용을 추가로 부담해야 하지만, 명령에 의해 내부자원 배분을 결정하기 때문에 내부 거래비용을 회피할 수 있으며 따라서 시장보다 더 효율적으로 경제적 차별화를 할 수 있다. 결국 기업은 신상필벌의 원칙에 따라 구성원들을 차별화하여 동기를 부여함으로써 시장거래가 거래비용 부담 때문에 창출하지 못하는 재화와 서비스를 창출하여 경제발전을 일으킬 수 있다. 따라서 기업의 가장 기본적인 성공원리 또한 구성원들에 대한 경제적 차별화라 할 수 있다. 동기부여를 극대화할 수 있는 차별적 보상체계를 갖춘 기업만이 높은 생존 가능성을 유지할 수 있다는 의미이다.

이와 같이 기업은 무임승차를 야기하는 외부 효과를 내부화함으로써 새로운 재화를 창출하여 시장실패를 교정하고 시장의 영역을 확대하여 경제발전을 주도하는 자본주의 경제발전의 기관차와 같다. 따라서 경제발전은 기업의 성장과정이며 자본주의 경제는 사실상 시장경제라 하기보다 기업경제라 해야 더 적절하다.

경제성장과 발전이라 부를 수 있는 소득의 향상과 부의 창출을 이룬 인류의 경제발전사는 오직 지난 200여 년에 불과하다. 인류는 그 전의 수천 년을 농경사회에서 빈곤의 악순환에서 벗어나지 못했다. 농경사회 속의 인류는 모든 인생의 경제적 성공과 실패를 토지에 의존해서 살았다. 한정된 토지와 낮은 농업노동 생산성 하에서 소위 맬서스(빈곤) 함정을 못 벗어났다. 그러던 인류는 서구에서 17세기 ~19세기 초에 걸쳐 자본주의적 기업인 주식회사라는 놀라운 사회적 기술을 발명하여 산업혁명에 성공하면서 오늘날의 산업사회, 지식 기반 사회를 일으켰다. 이제 우리 모두는 삶의 성공과 실패, 중산층이 되느냐 마느냐의 운명을 기업에 맡기며 살고 있는 것이다. 기업이 경제적 삶의 바탕으로서 토지를 대체한 것이다. 선진국이 된다는 것은 다름 아니라 국내총생산(GDP)에서 농업의 비중이 경험적으로 한자릿수 그것도 대체로 5퍼센트 이하로 낮아진다는 것을 의미하게 되었다.

그래서 필자는 자본주의 경제를 기업경제라 부른다. 성공한 경제와 실패한 경제의 차이는 바로 얼마나 경쟁력 있는 기업을 많이 키워 내고 있느냐에 달린 것이다. 오늘날 경제성장을 측정하는 국민총생산이라는 개념 자체가 바로 기업이라는 크고 작은 조직과 개인의 부가가치 창출의 합이라는 사실, 그래서 저성장이란 말을 단순하게 보면 바로 기업 부문의 부가가치 창출능력 저하와 같은 의미가 된다는 사실을 이해한다면 자본주의 경제를 기업경제라 부를 수 있다는 사실을 쉽게 이해할 수 있을 것이다.

그러나 정보가 불완전한 시장에서 기업들도 무임승차 대상이 될 수밖에 없다. 흥하는 기업들의 성공 노하우는 다른 모든 기업들의 무임승차 대상이 될 수 있기 때문에 성공기업들은 점차 사라지게 된다. 일류기업들은 그래서 쉽게 잘 생겨나지 않는 것이다. 일등기업이 영원할 수 없는 이유도 여기에 있다.

정부의 경제발전 기능: 관치 차별화

이 모든 무임승차 현상을 교정하기 위해 정부의 역할이 필요해진다. 이 경우 정부가 해야 할 일은 열심히 노력하여 경제에 기여하지만 무임승차 때문에 기여만큼 충분히 보상을 받지 못하는 흥하는 이웃들을 살려 내는 일이다. 정부는 시장으로부터 충분한 보상을 받지 못하여 사라질 위험에 놓인 우수한 기업과 개인들이 각종의 경제제도를 통해 충분한 보상을 받을 수 있도록 하여 동기를 충분히 부여함으로써 경제발전을 일으킬 수 있는 것이다. 우수한 성과를 대접하는 사회는 우수한 경제인들을 양산하지만 열등한 성과를 우대하는 사회는 열등한 경제인들을 양산하게 된다.

이제 새로운 시장관에 따르면 경제발전을 위해 정부가 해야 할 일은 보다 명료해진다. 즉 정부는 시장의 취약한 경제적 차별화 기능을 보완·강화하여 신상필벌의 원칙 아래 '성과와 보상의 일치를 보장하는 인센티브 시스템'을 구축함으로써 스스로 도와 성공하는 경제인과 기업들을 더 우대해야 하는 것이다. 이러한 정부의 차별화 기능을 '시장 차별화' 기능에 대비하여 '관치 차별화'라 명명할 수 있다. 이 과제를 잘 풀어낸 나라는 발전했고 그렇지 못한 나라는 발전에 실패했음을 역사의 경험이 말해 준다. 이를 통해 정부는 미약했던 성장과 발전의 동기와 유인을 창출해 내고 경제 내에 성공경쟁을 유발하고 발전의 이념인 '하면 된다는 자조 정신'도 키워 낼 수 있다. 이는 결국 정부가 시장의 영역을 더 확대하고 그 기능을 더 강화하는 데 앞장서는 것과 같은 것이다.

만일 정부나 정치가 나서서 시장의 차별화 기능과 그 결과인 경제적 차이와 차등 혹은 불평등이 잘못됐다 하여 신상필벌에 역행하여 '좋은 성과보다도 낮은 성과에 더 보상하는 재분배정책'들을 오래 지속하면 어떤 일이 벌어질까? 시장의 차별화 기능은 더 이상 작동할 수 없을 것이고 발전은 멈추고 오히려 경제 하향 평준화를 통해 저개발로 역행하는 일이 벌어질 것이 아니겠는가?

경제발전과 정치와 리더십의 역할

오늘날과 같이 경제정책을 의회가 결정하는 민주정치 하에서는 정치의 역할이 중요하다. 정치권이 "높은 경제적 성과보다 낮은 성과를 보상하는 것이 좋다."는 경제평등주의 이념을 탈피하여 경제적 차별화 원리를 수용하는 국가는 발전의 역동성을 유지할 수 있지만 반대의 경우는 십중팔구 경제 정체를 면치 못하게 된다. 20세기 경험이 시사하는 바에 의하면 민주주의 체제는 그 속성상 경제평등주의 이념을 벗어나기가 어려우며 이를 극복하는 경제만이 경제도약을 이룰 수 있었음을 확인할 수 있다. 흥미롭게도 한국의 개발연대 박정희 권위주의 정부는 바로 경제적 평등을 추구하는 포퓰리즘 민주정치의 경제정책에 대한 영향력을 차단함으로써 경제도약에 성공한 경우에 해당된다. 이제 정치와 국가 지도자의 경제발전에 있어서의 역할을 좀 더 상세히 들여다 보자.

시장은 경제제도, 즉 경기규칙을 필요로 한다

시장이란 일정한 경기규칙 속에서 모든 시장 참여자들이 각자의 성공을 위해 경쟁하는 일종의 운동경기장과 같다. 우리 경제주체들은 인생의 성공을 위해 개인적으로 노력하는 것은 물론 서로 협력하기 위한 조직을 만들어 낸다. 기업도 정당도 사회단체도 동창회도 향우회도 심지어 국가라는 조직도 모두 시장이라는 운동경기장에서 성공 가능성을 높이기 위해 우리들이 만들어 내는 성공의 수단인 셈이다. 그러나 이러한 모든 노력은 그냥 무질서하게 일어나는 것이 아니다. 국내든 국제든 한 사회 내에서 더불어 살아 나가기 위해서는 모두 지켜야 될 규칙이 있게 마련이며 이러한 경기규칙을 일컬어 경제제도라 부르는 것이다. 시장이란 바로 이러한 경제제도(경기규칙)의 집합을 의미하는 것이다.

그런데 경제제도, 즉 경기규칙에 따라 경기의 내용이 달라지고 나아가 경기자들의 승패도 영향을 받지 않을 수 없다. 따라서 우리들 개인이나 우리가 만들어 내는 조직들은 자신들의 성공 가능성을 높이기 위해 경기의 규칙을 자신들에게 유리하게 만들기 위해 노력하기도 한다. 이와 같이 경기규칙을 만들어 내고 나아가 자신들에게 유리하게 바꾸어 내기 위한 노력의 과정을 일컬어 정치과정이라 부르는 것이다. 특히 정치과정에서 중요한 역할을 하는 조직이 정당인 셈이다.(<그림1> 참조)

그런데 현실 시장에서 진행되는 모든 경제활동은 반드시 양(陽)의 거래비용을 수반한다. 자본주의 경제의 시장거래란 기본적으로 거래 당사자 간의 유체(有體) 혹은 무체(無體)의 재산권을 교환하는 과정이다. 그리고 시장거래에서는 거래조건에 합의해야만 거래가 성사될 수 있기 때문에 상대방과의 합의를 이끌어 내기 위해 협상을 하지 않으면 안 된다. 이 협상이야말로 재산권 거래에 합의하고 합의를 서로 지킬 것을 서약하고 지켜지지 않으면 누가 책임질 것인지 등에 대한 재산권 거래 계약에 합의한다는 것을 의미한다. 이 과정에서 소요되는 시간과 노력, 금전적 비용 등을 일컬어 거래비용이라 부른다. 다시 말해 거래비용이란 정보의 불확실성과 미래의 위험이 존재하는 상황에서 개별 경제주체들이 현실 거래를 통하여 서로 간에 이익을 담보하기 위해 거래행위와 관련된 사고에 대비할 목적으로 지출하는 온갖 노력, 시간, 돈 등을 말하는 셈이다. 여기에는 시장거래 계약의 집행을 담보하기 위해 사법제도를 유지하는 데 소요되는 비용도 그 사회의 거래비용에 포함된다.

시장경제를 발전시킨다는 것은 재산권법 제도를 정비하여 개인의 재산권을 투명하고 안전하게 보장하고 거래 관련법들을 합리적으로 만들어 계약 불이행에 따른 위험부담을 최소화하는 등 시장의 경기규칙인 각종 경제제도를 시장거래를 보다 효율적으로 수행할 수 있는 방향으로 만들고 지키게 함으로써 경제주체들이 부담해야 하는 거래비용을 낮추는 것을 의미한다. 역사적으로 보면 이러한 거래비용이 많이 소요되는 경제는 발전이 더딘 반면, 이 비용이 적게 소요되는 경제는 그만큼 효율이 높고 경제발전이 빨랐음을 확인할 수 있다.

경제제도의 구체적 내용

시장을 규정하는 경제제도란 국가의 각종 법과 제도를 포함하여 국민생활의 모든 면을 규율하는 외생적 제약조건이다. 경제제도는 개별 경제주체들과 사회 전체가 부담하는 거래비용의 크기를 결정하고 경제사회 유인 구조에 영향을 미쳐 궁극적으로 사회구성원들의 정치·경제·사회 등 모든 분야에서의 의사결정과 행동, 나아가 그 사회의 경제하려는 의지와 경제발전에까지 영향을 미친다. 그래서 한 나라 국민들의 사고와 행동은 그 나라의 경제제도의 산물이라고 할 수 있으며 이는 제도가 국민의 행동을 바꾸고 경제발전의 정도를 결정하게 된다는 의미이다. 국가의 경제제도는 비공식적 제도, 공식적 제도, 제도의 집행 등으로 구성된다.(<그림1> 참조)

비공식적 제도란 이념, 문화, 관습, 관행, 국민정서와 같이 공식적인 규칙은 아니지만 국민들의 행동에 비공식적인 제약으로 작용하는 사회의 공통적인 생각들을 통칭한다. 특히 이념이나 문화 등은

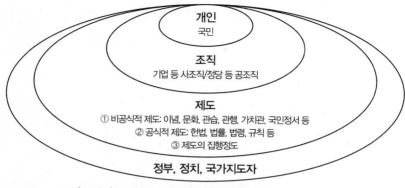

〈그림 1〉　**경제 · 사회의 제도적 구성**(출처: 좌승희, 2006)

공식적인 법과 마찬가지로 경제활동에서 매우 중요하다. 비공식적 제도는 많은 경우 그 사회의 공식적 법제도의 기초가 된다. 특히 이념이나 문화 등은 헌법이나 상위 법률 속에 용해되어 공식적 제도의 기초를 형성한다.

공식적 제도란 헌법, 각종 법률, 정부가 정하는 규칙, 명령, 정부규제에 이르기까지 사회구성원의 행동을 규율하는 모든 공식적 제약을 포함한다. 공식적 제도는 비공식적 제도의 내용을 포함한 여러 가지 요인들을 반영한다. 헌법은 공식적 제도의 최상위 규범으로서 그 국가사회가 지향하는 가치와 이상에 대한 사회구성원들의 공통적인 세계관을 가장 추상적인 형태로 담아 내는 그릇이라고 할 수 있다. 이러한 헌법의 이상은 하위의 법령들을 통해 실질적인 경제사회생활의 규칙으로 보다 구체화되게 된다.

　제도 집행의 정도는 사회가 그 구성원들에게 경기규칙인 법제도를 얼마나 엄격하게 집행하고 있느냐의 정도를 말한다. 아무리 좋은 법을 가지고 있다 하더라도 제대로 집행되지 않으면 법이 없는 것이나 마찬가지가 되기 때문에 법집행은 대단히 중요하다. 법치의 관건은 그래서 법집행의 엄격성에 달렸다고 할 수 있다.

　이제 교과서 속의 추상적인 시장은 바로 이러한 공식적 제도와 비공식적 제도의 내용과 그 집행의 정도에 의해 구체적이고 현실적인 모습을 가지게 되며, 따라서 시장이란 바로 이러한 공식적·비공식적 제도라는 경기규칙에 의해 정의되고 규율되는 생활공간이라고 정의할 수 있다.

정치 리더십과 경제발전

미국의 경제가 우리 경제와 다른 것은 사람이 다르기 때문이 아니라 미국과 우리가 서로 다른 경기규칙을 가지고 있기 때문이다. 그러니 경제주체들의 행동도 다르고 그 경제성과도 다른 것이다. 경기규칙의 핵심은 실정법이다. 실정법의 원천은 그 사회의 문화다. 문화에는 이념, 가치관, 관행, 국민정서 등이 포함된다.

그 사회가 가지고 있는 문화, 특히 이념이 법의 내용을 결정하는 핵심 원리가 되는 것이다. 국회에서 법을 만들 때 경제원리도 중요하지만 국회의원들, 나아가 그들을 선출하는 시민들의 이념이 무엇이냐에 따라서 법의 내용이 달라진다.

이념이 우리의 행동을 규율하는 법질서, 즉 경기규칙을 결정하는 바탕이 되는 것이다. 자본주의 체제를 보는 이념이 바로 헌법 등 하위법령의 방향을 결정한다. 그래서 시장(제도 혹은 경기규칙)은 일반 국민, 정당, 정부와 국가 지도자의 정치이념에 의해 영향을 받게 되고 더 나아가 경제발전도 크게 영향을 받게 된다.

그런데 역사적으로 보면 국민들의 이념을 더 건전한 방향으로 바꾸어 내는 것은 바로 지도자의 역할이었다. 오늘날 민주주의 사회에서 지도자의 출현은 국민들의 이념에 따라 결정되지만 동시에 지도자는 이런 국민들의 이념과 생각, 가치관을 바꾸어 내는 역할도 한다. 흥하는 이웃이 있어야 나도 흥할 수 있다는 이념이 더 발전 친화적이라는 사실은 20세기 인류의 경제발전 경험에서 얻을 수 있는 가장 중요한 교훈이다.

이런 이념을 갖고 '스스로 도와 흥하는 국민이 정당한 보상을 받을 수 있도록' 국가 경제제도를 만들어 내는 지도자와 정부, 정치권은 국민을 올바른 길로 이끌어 경제의 역동성을 창출하는 데 기여하지만, 역으로 '흥하는 이웃이 있으면 내가 망한다.'는 이념에 영합하여 '흥하는 국민을 폄하하는' 제도를 만들어 내는 경우 경제를 정체의 나락으로 이끌게 된다.

삼위일체 경제발전론 요약

이상의 논의를 종합하면 경제발전은 시장, 기업, 정부(와 정치)가 삼위일체가 되어 신상필벌의 경제적 차별화 원리를 실천해야 가능하다는 결론에 이른다. 그동안의 시장 대 정부의 흑백논쟁이나 기업의 경제발전 역할에 대한 무시도 잘못된 것이다. 정부나 정치의 기

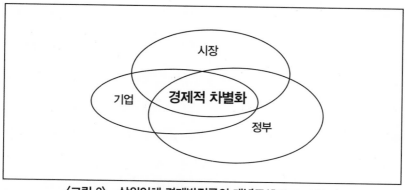

〈그림 2〉 **삼위일체 경제발전론의 개념도**(출처: Jwa, 2015)

능이 마치 시장이나 기업의 차별화 기능을 교정하여 보다 평등한 경제적 결과를 만들어내야 하는 것이라고 철석같이 믿는 균형발전 이념이나 사회주의나 사민주의 체제나 수정자본주의 체제도 발전 역행적임을 쉽게 이해할 수 있다.

삼위일체 경제발전론은 〈그림 2〉와 같이 개념화할 수 있다. 이에 의하면 경제발전은 시장, 기업, 정부 3자가 모두 경제적 차별화 (Economic Discrimination) 기능을 수행할 경우에만 그 교집합으로 나타날 수 있는 흔치 않은 독특한 경제변화 현상이다. 우리의 삼위일체 경제발전론에 의하면 주류 경제성장론의 주장처럼 경제발전은 자본이 있고, 노동이 있고 기술이 있으면 언제 어디서나 일어날 수 있는 현상이 아니다. 시장, 기업, 정부의 기능이 경제적 차별화라는 독특한 기능을 중심으로 결합되는 경우에만 일어날 수 있는 희귀한 현상인 것이다.

여기서 '경제적 차별화'는 경제적으로 다른 것을 다르게 취급하는 것을, '경제평등주의'는 경제적으로 다른 것을 같게 취급하는 것을 의미한다. 경제적 차별화를 소위 인종, 성별, 학벌, 지역, 연령, 정치이념 등에 따른 정치적·사회적 차별현상과 혼동하지 않기를 바란다. 이런 모든 차이에 관계없이 단지 행위주체의 경제적 성과에 따른 차등대접을 의미할 뿐임을 잊지 않기 바란다.

이제 경제발전의 원리를 다음과 같이 재정리해 보자.[7] 첫째, 원리는 "'경제적 차별화'는 경제발전의 필요조건인 반면, '경제평등주의'는 경제 정체의 충분조건이다." 둘째, 민주정치의 역할에 대해서는 "'정치의 경제화'는 경제발전의 필요조건인 반면, '경제의 정치화'는 경제 정체의 충분조건이다." 여기서 '정치의 경제화'는 정치적 고려를 배제한 경제적 차별화 원리의 실천을, '경제의 정치화'는 정치적 고려 하에 경제적 차별화 원리를 포기하는 것을 의미한다. 셋째, 시장과 기업, 그리고 정부, 3자가 삼위일체가 되어 각각의 영역에서 "경제적 차별화"를 실천하여 경제적 수월성을 추구할 경우에만 그 교집합으로서 경제발전이 가능하다. 마지막으로 이 원리에 따르면 경제발전은 본질적으로 모두 발전하지만 같아질 수 없는 경제구조 변화과정이다. 평등한 발전은 형용의 모순이다. 경제의 변화와 발전은 불평등을 그 본질로 한다.

4장

한강의 기적을 낳은 경제정책의 성공과 실패

한국의 개발연대에는 신상필벌의 원칙에 따라 자조하여 흥하는 자를 우대하였다. 이를 따라 배운 자가 흥하는 자가 되어 온 나라에 흥하는 자가 넘쳐났던 역동적인 발전의 과정이었다. 물론 이에 따라 우수 기업과 지역에의 부와 경제력의 집중 및 부문 간·지역 간 불균형을 만들어 내기도 했다.

개발연대 성공을 가져온 정책들은 모두 자조하여 남보다 더 좋은 성과를 내는 경제주체들에게 더 많은 보상과 기회를 제공하는 신상필벌의 정책들이었다. 한마디로 박정희 경제정책의 성공요인은 '스스로 돕는 자를 우대하는 인센티브가 차별화된 지원제도'를 구축함으로써 스스로 돕는 자를 양산하고, 이를 통해 흥하는 문화유전자인

"하면 된다."는 유전자를 퍼뜨림으로써 더욱더 많은 흥하는 이웃들을 양산할 수 있었다는 점이다. "하면 된다."는 자조정신으로 남보다 더 노력하여 성공하는 국민들을 앞장세움으로써 게으르고 희망이 없다던 한국 국민들을 모두 자조하는 국민들로 바꾸어 놓았다.

이를 통해 개발연대는 세계사에서 그 유래가 없는 최초의 가장 양호한 동반성장을 실현하였다. 수출 육성정책의 수혜자들인 수출기업들이 수출 수익을 국내에 재투자하도록 끝없이 유도·독려함으로써 국내 중소기업, 서비스업의 수요와 일자리를 창출함으로써 내수와 외수의 동반성장을 이끌었다.

이 장에서는 삼위일체 차별화 발전이론의 관점에서 개발연대에 있어 박정희 대통령이 채택한 주요 정책사례들을 개관하고 그 성공 혹은 실패이유를 밝히고자 한다.[8]

유능한 부패기업인들을
산업보국의 길에 동참시킨 개발전략

5.16 직후 박정희 장군은 탈세와 부패 혐의로 구금된 11명의 대기업(지금의 기준으로는 중견기업)인들에 대한 청산문제가 뜨거운 이슈였던

상황에서 혁명군부 내의 반대에도 불구하고 "사업을 해서 탈세한 금액을 갚는다."는 조건으로 이들을 석방하여 자본유치와 경제개발 계획에 동참시켰다. 여기서 박정희 장군은 "일부 법적인 문제를 포함하여 도덕적인 문제는 있지만 현실적으로 기업 경영능력을 인정받고 있고 경제 현실을 아는 이들을 버릴 수 없다."는 현실적 판단 하에 부정부패와 구악일소라는 혁명공약을 어기면서까지 이들을 앞장세워 경제개발에 나서는 실사구시적인 '경제적 차별화' 발전전략을 선택한 셈이다.

만일 이들을 청산하고, 기업 경영경험이 없거나 일천하지만 소위 도덕적으로 참신한 사람이나 소기업들, 군인들만 경제개발에 참여시켰더라면 결과가 어떻게 되었을지는 상상에 맡길 일이다. 이러한 경제개발에 대한 헌신적 참여를 전제로 한 사실상의 사면조치는 동기부여를 통해 당시의 모든 기업인들을 '산업보국(産業報國)'이라는 이념으로 뭉치게 만든 계기가 되었다. 경제발전은 현실이지 이상만으로 되는 것이 아니다.

여기서 한 가지 흥미로운 것은 이러한 경험이 바로 20여 년 뒤 중국의 개혁개방을 이끈 주도 이념인 덩샤오핑의 '흑묘백묘론'과 대동소이하다는 점이다. 덩샤오핑만이 아니라 박정희 대통령의 실사구시적 이념과 결단 또한 높이 평가받을 만하다고 생각한다.

수출 우량기업을 더 우대한 수출 진흥정책

수출 진흥은 무엇보다도 중요한 경제개발 전략이다. 과거도 그러했고 오늘날도 전 세계 개발도상국들은 수출입국을 위해 별의별 정책을 다 동원하고 있다. 경제학 교과서는 온갖 종류의 수출 진흥정책들을 열거하고 있다. 그러나 지난 한 세기 동안 한국과 같은 초고속 수출 성공역사를 쓴 나라는 거의 없다. 어떤 특별한 정책들이 이런 기적을 만들었을까?

박정희 대통령은 수출 우량기업을 더 우대하는 경제적 차별화에 기초한 수출 진흥정책을 추진하였다. 매월 수출진흥확대회의를 통해 수출 동향을 점검하고 수출 증대를 위한 모든 시책과 애로 타개 방안을 논의·결정하였다. 그리고 1965년부터는 1964년 11월 말 수출 1억 달러 달성을 기념하여 11월 말일을 수출의 날로 정하여 매년 수출의 날 행사를 열어 연중 수출 유공자에 대한 격려와 시상을 하였다.

수출 유공자 표창은 연례 국가행사로 박정희 대통령 집권 18년 중 15년간 지속되었는데 대통령 이하 관련 각료, 경제단체장, 금융기관장, 기업인, 관련 학자가 참석하고 전 국민의 환시 속에 그해의 대한민국 최고 (수출)기업과 기업인들을 뽑는 일종의 미인대회나 다름없었다.

이 대회를 통해 한국의 모든 기업들은 그들이 올린 수출실적에 따라 등수가 매겨지고 상위 기업과 기업인들은 국가로부터 훈장과 표창을 받음으로써 산업역군으로서 인정받게 되었던 것이다. 그리고 일단 이 대회에서 인정받게 되면 그 당시로서는 최고 우량기업으로 인정받아 각종 금융지원이나 정부지원에서 유리한 고지를 점할 수 있었다.

은행의 차별화 기능, 다른 말로 표현하면 은행의 대출심사 기능이 미흡한 당시 상황에서 국내은행들에게 있어서 수출 유공자 표창 대회야말로 국내 기업들에 대한 신용등급 정보를 얻을 수 있는 가장 중요한 기회였던 것이다. 따라서 여기서 상위등수에 든 기업들은 정부와 은행으로부터 차별적으로 우대받음으로써 사실상 성공을 보장받는 것이나 다름없었다.

당시 한국 기업인들에게 있어 수출이 기업성공은 물론 개인적으로도 인생의 성공 여부를 판가름하는 제일 중요한 수단이 된 것이다. 따라서 기존의 수출기업들은 물론 새로 기업을 일으키겠다는 생각을 가진 사람들에게 있어서는 수출실적을 올려 국가와 사회로부터 인정받는 것이 기업인으로서의 성공을 위한 지상과제가 되었다. 결국 이런 과정에서 한국의 모든 기업인들은 "하면 된다."는 발전의 정신을 체화하게 되었고 너도 나도 눈만 뜨면 세계 오지를 가리지 않고 수출전선에 나섰다.

　당시 수출 성공에 기여한 수출 진흥전략의 특징을 정리하면 다음과 같다. 연말 수출의 날 유공자 표창대회를 통해 시장의 차별화 기능을 재현해 냄으로써 모든 대한민국 기업들을 수출경쟁에 몰입시킬 수 있었다. 특히 지원 기업을 선택함에 있어 정부가 자의적, 사전적으로 승자를 선택하지 않고 시장 검증을 통해 사후적으로 그 성과를 인정받은 기업을 선택했다는 의미에서 정부가 소위 관치 차별화를 통해 시장의 보상기능을 강화했다고 할 수 있다.

　다음으로 기업 선택의 기준이 되는 성과지표를 '달러 표시 수출금액'으로 정함으로써 수출경쟁의 투명성을 높이고 모든 기업들의 승복을 유도해 낼 수 있었다. 당시 외환집중 제도 하에서는 달러 수입을 쉽게 분식할 수 없는 상황이었다.

　때문에 투명한 기준에 의해 경쟁이 이루어지면서 평가대상인 기업들은 경쟁의 결과에 대부분 승복할 수밖에 없었다. 또한 품목에 관계없이 '달러 표시 수출금액'을 경쟁목표로 설정하여 서로 다른 업종의 모든 기업들 간에도 치열한 경쟁을 촉진시켰을 뿐만 아니라 매년 새로 등수를 재평가함으로써 기업들 간의 수출실적 경쟁을 최고조로 유지시켜, 당시 정부지원에 따른 국내 독점기업들의 지대추구 행위를 완화 및 차단할 수 있었다.

시장 검증을 받은 기업에만 진입을 허용한
중화학공업 육성

그동안 학계 일각에서는 중화학공업 육성정책이 정부의 진입규제에 따른 전형적인 자원배분의 왜곡과 과잉투자에 따른 인플레이션이라는 거시경제 불균형을 초래한 정책이라고 비판해 왔다. 그러나 오늘날 소위 한국 경제를 먹여 살린다는 주력업종들이 거의 모두 1970년대에 시작된 산업들임을 감안한다면 당시의 중화학공업화 전략을 실패했다고 할 수는 없다고 생각한다.

박정희 대통령은 1970년대 중화학공업 육성정책을 추진함에 있어서도 철저하게 성과를 중시하는 차별화 정책을 시행하였다. 일정한 자본력을 갖춘 능력 있는 기업들을 중심으로 중화학 부문의 사업권을 부여하고 지원하는 차별화의 원칙을 고수하였다.

정부는 소요자본의 25퍼센트를 부담할 수 있는 역량 있는 기업만 진입할 수 있게 하고 여기에 나머지 75퍼센트의 소요자금은 국민투자기금을 조성하여 지원하였다. 따라서 당시의 여건으로는 노동집약적 산업 중심의 수출 진흥단계에서 수출실적이 우수하여 자본을 축적할 수 있었던 역량 있는 기업들만이 이 조건을 충족할 수 있었다. 때문에 결과적으로 엄격한 관치에 의한 경제적 차별화 전략을 시행한 셈이 되었다.

　우리는 중화학공업 육성정책의 성공요인이 정부의 개입 그 자체가 아니라 엄격한 차별화 원리 하에 우량기업 중심으로 참여가 허용되고 지원정책이 뒤따라 이루어졌기 때문이라고 본다. 중화학공업부문에 진입이 허용된 대부분 기업들이 소위 독재정권에 순응하여 수출 진흥정책에 적극 참여해 온 세칭 정경유착의 수혜자들일 수도 있지만 이들만이 그 당시 수출활동을 통해 능력 있는 기업으로서 또는 기업인으로서 시장으로부터 인정받고 있었다. 따라서 이들 기업들을 중심으로 진입이 허용되어 결국 의도했든 안했든 결과적으로 경제적 차별화 발전원리에 맞는 관치 차별화 전략을 택한 셈이 된 것이다.

자조하는 마을만 지원한 새마을운동

박정희 대통령은 1970년부터 새마을운동을 추진함으로써 농촌의 의식개혁과 농업부문의 소득증대를 도모하였는데 이 운동은 박정희 차별화 정책 패러다임의 백미라 할 수 있다.

　새마을운동의 첫 해인 1970년에 정부는 전국의 3만 4,000여 개의 마을에 200~300포대의 시멘트와 철근, 약간씩의 현금을 마을 규모에 따라 적절히 지원했다. 그리고 10여 개의 새마을운동 프로젝트를 시달하여 그 중에서 마을 총회에서 자발적으로 골라 추진토록 하였다. 그 다음해에 그 성과를 평가한 결과 1만 6,000개의 마을은 소기의 성과를 달성했지만, 과반수가 넘는 나머지 1만 8,000개의 마을은 목표치에 미치지 못하였다. 당시 정부의 공개 및 비공개 암행감사에 의하면 많은 마을들이 시멘트 포대를 야적해 놓고 비가 와도 덮지 않은 채 방기한 경우가 많았다고 한다.[9]

이 결과를 놓고 제2차년도 새마을운동 사업 지원방식에 대해 논란이 많았지만 박 대통령은 공화당과 장관들의 반대에도 불구하고, 사실상 당시 인기 없었던 장기 독재정권의 명운을 걸면서까지 성과가 좋지 않은 1만 8,000개의 마을에는 전혀 지원하지 않고 성과가 좋았던 1만 6,000개의 마을에만 시멘트의 지원 양을 100~200포대 정도씩 늘리는 동시에 아주 우수한 마을의 경우는 특별히 현금지원도 더 늘렸다.

그리고 제2차년도를 시작하면서 정부는 지원받지 못하는 마을에게 "앞으로 자력으로 새마을운동에 참여해서 성과를 내지 않으면 지원하지 않는다."는 방침을 시달한 것으로 알려지고 있다. 그런데 사업 종료 후 평가결과 지원을 받지 못한 1만 8,000개 마을 중에서

6,000개의 마을이 나중에 자력으로 소기의 성과를 냈다. 그 다음해에는 이 6,000개의 마을에 대해서도 지원했다.

이렇게 해서 박 대통령은 전국 마을을 참여도가 가장 낮은 기초마을, 이보다 좀 더 열심히 하는 자조마을, 그리고 가장 성과가 높은 자립마을로 구분하고 기초마을은 제외하고 자조마을과 자립마을에만 물자지원을 배분했다. 이러한 철저한 경제적 차별화 전략이 시행된 후 7년 뒤인 1977년에는 모든 마을이 자조마을 이상으로 향상되어 기초마을은 사라졌고, 자립마을은 98퍼센트에 이르게 되었다. 결국 "스스로 돕는 마을만 지원한다."는 정부의 차별적 지원정책이 마을 간의 경쟁심을 자극하여 새마을운동을 열화와 같이 전국적으로 퍼뜨리고 농촌사회에서도 소위 "하면 된다."는 발전의 정신을 일으키는 데 기여했다.

만일 두 번째 해에도 평등하게 똑같이 나누어 분배하는 식으로 지원했다면, 경제적 차별화 발전원리에 따르면 새마을운동은 성공하지 못했을지도 모른다. 새마을운동의 성과는 운동 시작 후 5년 만인 1974년도에 농촌과 도시의 가구당 평균소득 수준이 같아졌다는 사실(물론 여기에는 정부의 여타 농어촌 소득 증대사업도 크게 기여하였다)로부터도 쉽게 확인할 수 있다.

새마을운동과 관련해서 박정희 대통령이 얼마나 정치의 경제정책

왜곡 가능성을 경계했는지에 대한 일화들이 확인되고 있다. 위에서 언급한 2차년도 지원방식 결정과정에서 정치인들과 장관 등 국무위원들은 대통령께 여러 경로를 통해 차등지원의 정치적 부담을 이유로 균등지원을 건의했다고 한다.

그러나 대통령은 한사코 심지어 정권의 명운을 걸고라도 차등지원하겠다는 강경한 자세로 차별적 지원을 결정했음이 증언되고 있다.[10] 아마 오늘날의 한국 정부나 정치권의 상식으로는 "새마을운동을 성공시키기 위해서는 성과가 부진한 기초마을을 우선 지원·육성하는 것이 옳은 정책"이라고 강변할 것이다. 물론 성공 여부와는 관계없이 표를 위해서도 당연히 그렇게 할 가능성이 높다고 보아야 할 것이다.

성과 있는 공장만 지원한 새마을공장 육성정책

1973년부터는 새마을운동의 일환으로 새마을공장 육성정책을 추진하였는데, 농촌의 읍·면지역에 농산물 가공공장을 건설하여 수출산업화하기 위한 전략이었다. 세금감면 조치, 수출지원 조치, 운영비 보조 등을 통해 육성·지원하였다. 추진과정을 보면 최초 1973~1974

년 운영실적을 기초로 성과가 있으면 지원하고 없으면 지원을 감축한다는 지침이 있었다. 당시 상공부의 결과평가에 따르면 270여 개의 농촌공장 중 30퍼센트정도가 좋은 성과를 내고 나머지 70퍼센트는 성과가 미흡하였다. 이에 따라 정부는 성과를 낸 30퍼센트의 새마을공장에만 지원을 확대하고 다른 공장에 대해서는 지원을 삭감하였다. 이 또한 경제적 차별화 전략의 일관된 적용사례라 할 수 있다.[11]

우량 중소기업만 지원한 중소기업정책

중소기업의 육성에 있어서도 오늘날과는 다른 엄격한 차별화 원리가 적용되었음이 확인된다. 그 당시 중소기업 육성정책의 기조는 모든 중소기업을 다 살리거나 정책적으로 모든 업체를 균등하게 도와줄 수는 없기 때문에 살아남을 공장은 도와주고 죽을 공장은 전업하도록 해야 한다는 것이다. 중소기업체는 종업원 수가 적다는 것 외에는 대기업과 별 다른 것이 없기 때문에 시장의 크기(수출 포함)를 생각해 가면서 우량업체만 육성해야 한다는 것이었다.

예를 들어 1964년에 중소기업 고유업종 제도의 시초가 된 중소기업사업조정법을 제정함에 있어서도 우량기업 중심으로 보호·육성은 하되 불량 중소기업은 적극 정리한다는 원칙이 고수되었다.[12] 이러한 엄격한 차별화 원리의 적용이 결국은 당시의 많은 우량 중소기업들을 수출기업으로 전환시킬 수 있었고 더 나아가 이들 기업들이 중화학공업 육성과정을 거치면서 소위 대기업, 재벌로 성장할 수 있었던 것이다.

1980년대 이후 오늘날까지의 중소기업 육성정책은 거꾸로이다. 성과에 관계없이 균등하게 지원함으로써 잘 못하는 중소기업이 오히려 상대적으로 우대받고 역량 있는 중소기업들은 역차별을 받아온 셈이다. 그후 30여 년 간 중소기업들이 대기업이라 할 만한 기업으로 거의 성장하지 못하고 있음을 고려한다면 당시의 차별적 중소기업 육성정책이 얼마나 한국의 기업성장과 산업발전에 기여했는지 짐작할 수 있을 것이다.

원호대상자까지 차별한 박정희 리더십

박정희 대통령은 경제발전 정책은 물론 새마을운동의 경우와 마찬가지로 사회정책을 추진함에 있어서도 차별화 원리를 고수했던 것으로 확인되고 있다. 예컨대 원호대상자들을 지원함에 있어서도 심지어 자립·자활의지가 있는 대상자만을 지원한다는 원칙을 지켰던 것으로 확인되고 있다. 이에 대한 박정희 대통령의 육성지시 내용은 다음과 같다.

원호대상자들도 자조·자립정신, 즉 국가가 이만큼 도와주는데 자기도 노력해서 빨리 자립하겠다는 생각을 가져야 한다. 언제까지나 정부에 의지하겠다는 생각을 가지면 자립·자활을 할 수 없게 된다. 그리고 성공한 사람들에게는 오히려 더 많은 지원을 하여 다른 사람에게 자극이 되도록 하자. 그렇지 않으면 원호대상자는 매년 이런 정도의 재원은 자동적으로 나오는 것이라는 관념을 갖게 돼 노력하지 않는다.[13]

박정희 산업정책의 실패사례: 영화산업 육성정책

박정희 대통령의 산업 육성정책이 다 성공한 것은 아니었다. 예컨대 산업지원정책이 경제적 차별화 전략 하에 추진되었으나 추구하는 목표를 잘못 설정하거나 추진방식이 부실하여 실패한 사례도 없지 않았다. 1960~1970년대 영화산업 육성정책이 그 예이다.

당시 정부는 영화산업을 중소기업 고유업종으로 지정하여 지원하였으나 이로 인해 영화제작 기업이 영세화되어 영화산업 고유의 고위험부담이 어려웠다. 그리고 제작과 배급 및 상영의 사업 영역을 분리해 상영업자(영화관)가 수요독점을 통해 제작업의 성장을 제약했다. 결국 제작업의 영세화가 고착화되고 산업 내의 '범위의 경제' 실현이 불가능해졌다.

마지막으로 가장 중요한 실패요인은 지원 대상인 성과목표를 잘못 설정하여 낭비를 초래했다는 점이다. 당시 지원정책은 외화수입권 배분을 통해 성과우수 제작자를 우대하는 정책이었다. 그러나 성과기준이 영화의 예술성이나 시장성에 따른 최종적인 수익이 아니라 영화 편수에 치우쳐 버렸다. 결과적으로 반공영화가 양산되는 등 양적 증가에는 기여했으나 한국 영화산업의 질적 도약은 이끌어 내지 못했다.[14]

5장

박정희 대통령의 경제성공 패러다임:
신상필벌의 경제적 차별화와 정치의 경제화

신상필벌의 경제적 차별화 정책

이상 개관한 경제정책 사례들이 시사하는 정책성공의 원리는 명백해 보인다. 정부가 신상필벌의 원칙하에 정부의 주도로 '관치에 의한 경제적 차별화' 정책을 일관되게 추진한 것이 경제도약의 견인차 역할을 했다고 볼 수 있다.

정부는 경제제도(경기규칙, 유인구조)와 정책을 '스스로 도와 성공하는 국민에게 유리하게' 만들어 지속적으로 집행함으로써 국민들의 생각과 행동을 바꿔 모두를 스스로 돕는 자로 변신시킬 수 있었다. 경제적으로 좋은 성과를 우대 격려함으로써 국민들에게 경제발전의 동기를 부여하고 경쟁을 촉진하여 시장의 경쟁기능을 강화함으로써 경제발전에 기여하였다. 특히 경제적 차별화 원리에 따라 기업 육성 전략을 창의적으로 추진하여, 짧은 기간 동안에 중소기업을 대기업으로 성장시키고 산업을 일으켰다.

박정희 대통령은 그의 집권 기간 내내 '신상필벌'의 원칙을 경제정책이나 인재등용은 물론 사회정책에까지 적용하였다. 박정희 대통령은 바로 시장의 기능을 앞서 꿰뚫어 보고 공적으로나 사적으로나 항상 "낮은 성과보다도 좋은 성과에 보상해야 한다."고 경제인들은 물론 국민들에게 강조하고 직접 실천하였다. 물론 이런 주장이나 원칙고수가 정치적으로 인기가 없을 것임을 알면서도 새마을운동의 경우에서 볼 수 있듯이 정치적 위험을 무릅쓰면서까지 이 원칙을 고수하였다.

'정치의 경제화' 전략

한편 박정희 대통령은 민주정치의 포퓰리즘화가 과도한 경제평등주의와 균형발전 이념으로 흘러 시장의 신상필벌 기능을 와해시킬 수 있음을 간파하여 항상 경제정책 결정에 정치의 영향을 차단하려고 노력하였음을 확인할 수 있다. 이와 같이 경제정책 결정에 정치적 영향력을 차단하는 전략을 '정치의 경제화'라 명명할 수 있다.

예컨대 혁명 초기 정치적인 명분이 농후한 이유로 검거된 10여 명의 탈세 기업인들을 경제개발 참여 조건으로 석방한 경제우선의 실용적 결단이나 새마을운동의 지원방식에 있어 정치적 이유로 균등 지원을 주장한 국무회의와 정치권의 결정을 배격하고 철저하게 성과에 따른 차별적 지원을 결정한 사례 등이 그 예라 할 수 있다.

5.16 혁명의 배경 중 하나가 당시 민주정치의 국가운영 역량에 대한 뿌리 깊은 불신이었다. 그리고 박정희 대통령은 또 한 번의 일인일표 민주정치의 부정 사례인 유신체제를 선포함에 있어서도 그 비민주성을 인지하면서도 중화학공업화를 통해 경제를 도약시키고 국방력을 강화시키기 위해 "정치권의 영향력 배제가 불가피"함을 강조한 사실들을 놓고 볼 때 박정희 대통령의 '정치의 경제화' 의지는 확고했던 것으로 추정된다.[15]

박정희 대통령의 권위주의적 리더십이 비판받고 있으나 바로 이것이 경제적 차별화 정책의 정치적 왜곡을 막는 데 기여했음을 부정하기는 어려울 것이다. 그의 권위주의 리더십이 '높은 성과에 더 많은 보상'을 필요로 하는 경제적 차별화 원리를 '낮은 성과에 더 많은 보상'을 요구하는 평등주의적 포퓰리즘 정치로부터 방어하는 데 결정적인 도움이 되었다는 의미이다. 그래서 박정희 경제정책 패러다임을 '정치의 경제화를 통한 경제적 차별화 정책 패러다임'이라고 할 수 있다.

박정희 패러다임의 이단성에 대한 평가

이제 삼위일체 발전론과 박정희 패러다임의 성공원리에 대한 이해를 바탕으로 그의 정책 패러다임의 이단성에 대해 평가해 볼 필요가 있을 것이다. 앞에서 지적한 정부 주도의 적극적 산업정책, 재벌에 대한 경제력 집중과 경제 불균형, 지역 불균형, 정치적 권위주의 등 박정희 패러다임의 특성이나 그 결과들을 이단적이라고만 할 수 있는 것인가?

자유시장 중심주의 이념이나 균형발전 이념, 현대 자유민주주의 이념 등에 비춰 이단적으로 보일지 모르나 새로운 삼위일체 발전론이나 이미 선진화된 나라들의 19세기 산업혁명기의 선례나 중국 등 오늘날의 떠오르는 신생 경제도약 국가들의 경우를 종합해서 볼 때 한강의 기적은 전혀 특별하지도 않으며 예외적이지도 않다는 사실을 확인할 수 있다. 역사적으로 정부의 적극적인 산업 육성정책 노력 없이, 대기업의 성장과 경제력 집중이 없이, 하향 평준화된 전(前) 자본주의 농경사회보다 더한 소득 불평등과 지역 간 불균형 없이 경제적 도약을 이룬 사례는 거의 없다고 해도 과언이 아니다.

그리고 정치경제 체제와 관련해서도 지금의 모든 선진국들은 산업혁명기 불완전한 민주제도와 경제적 자유 하에서 식민지와 노예 착취제도를 바탕으로 경제도약에 성공했다.[16] 반면 20세기 후반 이후 서구식 민주정치와 시장경제를 수입한 신생 독립국들이나 체제전환국들의 경우에는 아직도 가시적 경제도약을 이룬 예 또한 찾아보기 어렵다.

왜 일본, 한국, 중국, 싱가포르 등 후발자 추격에 성공한 나라들은 모두 비슷하게 탈교과서적 방법과 결과로 성공해 왔는가? 그래서 한강의 기적을 이끈 박정희 패러다임은 교과서나 주류 이념에 비춰 이단적으로 보일지 모르나 경험적으로 보면 오히려 더 보편적이라고 할 수 있다. 그동안 민주주의, 시장경제, 균형성장이라는 이념적 틀 속에 갇힌 주류 경제학 패러다임이 문제였을 가능성을 배제하기 어렵다고 생각한다.

6장

한국의 개발연대 성공의 교훈

경제적 차별화에 따른 불평등은
경제번영의 전제

정리하자면 박정희 대통령의 개발연대 경제운영 패러다임은 '차별화 원리의 지속적인 실천을 통해 스스로 돕는 사람들, 즉 발전의 정신을 가진 경제주체들이 더 대접받도록 함으로써 경제주체들 모두를 스스로 돕는 자로 다시 태어나게 만들어 내는 유인과 동기부여 전략'이라고 할 수 있다. 주류 경제학의 주장과는 달리 산업정책, 또는 정부의 개입 그 자체가 반드시 자원배분의 왜곡을 가져온다고 볼 수는 없다. 정부의 개입이 철저한 차별화 원리를 구현하는 한, 시장에 의한 자원배분에 비해 반드시 왜곡을 초래한다고 볼 수는 없다. 오히려 시장의 차별화 기능이 취약한 경우에는 정부의 개입이 차별화 원리에서 벗어나지 않는 한, 시장을 보완함으로써 경제발전을 촉진시키는 데 기여할 수 있다고 해석할 수 있다.

이런 시각에서 본다면 오늘날 개발연대 패러다임이 양산했다는 소위 한국 경제의 질곡이라는 각종 불균형들, 예컨대 소득 불균형, 지역 간 격차, 경제력 집중과 같은 문제들도 진정으로 부작용인지 아니면 앞에서 논의한 경제발전의 불가피한 현상인지 쉽게 예단할 수 없다 할 것이다. 경제적 차별화 발전원리는 경제력이 특정 경제주체(기업이나 개인)나 지역에 집중 또는 집적되는 현상이 발전의 자연스러운 과정이라고 본다.

이미 지적한 바와 같이 시장이나 관치에 의한 경제적 차별화에 수반하는 개인 간, 기업 간, 지역 간 일정한 정도의 경제적 차이, 차등이나 불평등은 경제번영의 전제조건임을 잊어서는 안 될 것이다. 반면 경제적 평등은 경제발전의 안티테제이다. 물론 정부의 부당한, 다시 말해 각자의 경제적 성과에 관계없이 부당하게 지원하거나 차별함으로써 생기는 부당하고, 과도한 불평등이나 평등 모두 경제번영의 적임을 잊어서도 안 될 것이다.

관치 차별화 전략은 바로

"경제의 시장화(市場化) 전략"

산업혁명, 혹은 산업화의 과정은 잠자는 농경사회를 깨워 자본주의 시장으로 편입시키는, 소위 시장화 과정이다. 산업화를 지향하는 후진국들이나 사회주의 체제에서 자본주의 체제로 전환하고 있는 체제 전환국이나 모두 거쳐야 할 필수과정이다. 그러나 주류 경제학은 아직도 시장화의 성공전략을 체계화해내지 못하고 있다. 자본주의 경제의 제도적 받침틀인 사유재산권 제도의 정비와 경제적 자유의 신장을 절체절명의 과제라 하고 있으나 오늘날 (물론 그 제도적 완벽성에서는 차이가 날 수밖에 없겠지만) 북한 빼고 이런 제도적 장치를 갖추지 않은 나라가 거의 없다 해도 과언이 아니다. 그런데 제2차 세계대전 이후 자본주의 시장경제 체제를 택한 신생국들 중에 성공적 산업화사례가 많지 않고, 체제 전환국들 중에도 중국 정도를 빼고는 역동적 발전사례가 많지 않다.

앞에서 설명한 대로 제도란 하나의 경기규칙으로서 인센티브 장치에 해당된다. 개인의 사유재산권과 경제적 자유의 보장은 바로 열심히 노력하여 재물을 얻으면 자신이 소유하고 상속할 수 있는 권리가 보장된다는 경기규칙을 의미한다. 그런데 이 제도가 들어와도 사람들이 왜 미친 듯이 하루아침에 돌변하여 개인의 이익확대를 위해 내달리지 않는 것인가. 다시 말해 시장화에 필요한 제도, 즉 경기규칙이 들어와도 왜 열심히 움직여 부자경쟁에 나서지 않는 것인가? 답은 과거의 규칙에 안주해온 사람들은 경로의존성(經路依存性)의 덫에 갇혀 새로운 규칙이 들어와도 별로 움직이려 하지 않기 때문이다. 과거의 타성과 관성에 젖어 새로운 규칙에 따라 바뀌려 하는 인센티브가 그리 크지 않다는 것이다. 그래서 한국의 농촌을 중심으로 한 한국사회도 시장화에 필요한 모든 장치가 건국과 더불어 갖추어졌지만 20여 년에 걸쳐 (물론 6·25 전쟁의 영향도 있었겠지만) 꼼짝도 하지 않고 하늘만 쳐다보고 있었던 것이다. 그래서 체제 전환국 사람들도 자본주의에 편입된 지 20여 년이 지나고 있으나 모두 아직도 사회주의 이념을 못 벗어나고 있는 것이다.

그럼 과거로부터의 경로의존성에서 벗어나 새로운 시장에 적극참여하게 하는 길, 즉 산업화 도약을 위한 시장화를 촉진하는 길은 무엇인가? 바로 한국의 수출촉진 정책, 중화학공업화 정책, 새마을운동과 같은 관치 차별화 정책의 성공경험에 답이 있다. 우선 시장은 무엇이라 했는가? 바로 경제적 차별화를 통해 불평등의 압력을 높임으로써 동기를 부여하여 너도 나도 경쟁적으로 성장의 길, 성공의 길로 나서게 만드는 유인기제(incentive mechanism)라 했다. 시장의 본질은 바로 차별을 통한 동기부여와 이를 통한 성공경쟁의 촉진에 있는 것이다. 사유재산권이나 경제적 자유가 자본주의 경제의 발전에 도움이 되는 이유가 바로 그 경제적 차등과 불평등을 만들어내는 인센티브 차별화 기능 때문인 것이다. 그러나 이 제도들이 수십 년이나 혹은 그 이상의 장기간 동안에 걸쳐서도 산업화라는 경제적 도약을 이끌어내는 데 실패하는 까닭은 바로 이 제도들의 인센티브 차별화 기능이 미약하기 때문인 것이다. 이러한 현상을 새로운 경제발전 이론은 시장의 차별화 기능 실패라 했으며 이를 극복하기 위해 정부에 의한 경제적 차별화 기능이 필요하다 하였다. 정부에 의한 경제적 보상 차별화, 즉 '관치 차별화 전략'이야말로 바로 정부가 직접 인센티브를 차별화한 강력한 경쟁의 게임규칙을 작동시켜 시장의 보상기능을 보완, 강화함으로써 잠자던 중소기업들과 농촌, 개인들을 깨워 일으킨 시장화 운동이었던 것이다. "스스로 돕는 자만 돕는다."는 인센티브가 차별화된 수출과 중화학공업 지원이나 새마을운동의 경기규칙은 전국을 성공을 향한 경쟁의 소용돌이 속에 몰입시킴으로써 너도 나도 "시장화 경쟁"에 나서게 만들어냈던 것이다. 그래서 관치 차별화 전략은 '시장화'라는 과제를 안고 있는 후진국들, 체제전환국들의 산업화를 위해 주류경제학적 사고로는 답을 찾기 어려운 꼭 필요한 '시장화운동'의 모델이라고 할 수 있다.

세계 선·후진국의 경제발전 정책에 대한 함의

한국의 개발연대 '관치 차별화' 전략은 성과에 따라 인센티브를 적절히 차등하여 국민을 발전의 정신, 소위 "하면 된다."의 정신 소유자로 전환시킴으로써 경제발전의 역동성을 창출해 낼 수 있었다. 이런 점에서 시장의 차별화 기능이 상대적으로 취약한 후진국의 경우나, 혹은 사민주의 체제 아래 국민들이 너무 정부 의존적인 경우 관치 차별화는 시장의 차별화 기능을 강화하여 경쟁과 창의의 동기를 이끌어냄으로써 성장·발전의 역동성을 살려 내기 위한 유용한 발전전략이 될 수 있을 것이다.

오늘날 많은 후진국들이 사회민주주의 체제 속에서 사회적 역량 강화(social empowerment)라는 미명 아래 경제평등의 이상을 실현한다고 한정된 자원을 모두 균등 분배함으로써 역으로 자조정신을 파괴하는 일을 하고 있다. 이에 비추어 "성과에 보상한다."는 관치 차별화 원리는 경제발전의 새로운 패러다임으로 자리매김할 수 있다고 생각한다. 향후 한국의 경제발전 경험을 전수함에 있어서도 바로 이 점이 부각되어야 우리가 성공했던 수출육성정책, 산업정책, 농촌개발정책, 중소기업 육성정책 등의 진수가 제대로 전달될 수 있을 것이다.

한편 사회민주주의 체제 속에서 경제평등의 이상을 실현한다고 재분배정책을 강화해 온 서구 선진국들은 오히려 저성장과 하향 평준화된 양극화에 시달리고 있는데 이 또한 시장의 차별화 기능에 역행하여 과도한 평등을 추구해 온 결과이다. 이를 관치 평등화 혹은 관치 평등주의라 할 수 있다. 경제적 취약계층의 역량 강화는 평등 지원이 아니라 철저한 성과에 기초한 차별적 지원정책을 통해서만 가능하다는 한국의 개발연대 경제발전 정책의 교훈을 적극 수용해야 선진국의 저성장, 양극화 문제에 대한 해법을 찾을 수 있다.

결국 사회역량 강화 정책이나 재분배 복지정책은 반드시 성과에 따른 보상차별화를 통해서 모든 대상자들을 자조·자립하는 국민들로 바꾸어 내야만 그 지속가능성을 보장할 수 있음을 잊어서는 안 된다. 따라서 경제적 차별화 원리는 후진국의 성장역량 강화와 동시에 선진국의 실패하는 사회복지 정책의 지속가능성을 높이는 데 필수불가결한 정책원리임을 잊어서는 안 된다.

이와 관련해 한국의 새마을운동은 대단히 흥미로운 성공 사례이다. 이 운동은 '좋은 성과를 우대하는 경제적 차별화 전략'으로 농촌의식을 자조·자립정신으로 바꾼 사회개혁정책으로서만이 아니라 농촌의 소득향상을 이끈 경제발전 정책으로서의 두 가지 기능을 동시에 성공적으로 달성한 경우였다. 무차별적 지원으로 도덕적 해이를

초래하는 현재의 사회복지 정책에 비추어 볼 때 새마을운동의 성공
사례는 정책수혜자의 새로운 부가가치 창출노력과 성과에 따라 지
원을 달리 하여 동기를 부여하는 차별적 지원 정책만이 현재의 실패
하는 사회복지정책 패러다임의 지속가능성을 높이는 길이 될 수 있
음을 시사하고 있다.

오늘날 한국은 물론 전 세계가 사회정책은 물론 심지어 발전정책
의 경우마저도 차별적 지원이 아니라 성과와 무관한 반차별적 지원
이 일상화되었다. 결국 도덕적 해이와 낭비가 초래되어 정책의 지속
가능성이 심각히 위협받고 있는 상황이다. 멀쩡한 사람조차도 지원
의 우산 속으로 밀어 넣어 무기력하게 만들고 있는 것이다. 박정희
대통령의 차별화 경제정책 패러다임은 바로 이 문제에 대한 해결책
으로서 그 의의와 일반적인 응용 가능성이 높다고 할 것이다.

시장, 정부, 기업의 역할에 대한 함의

한편 정책적 차원을 넘어 경제이론의 일반적 시각에서 볼 때 개발연
대 패러다임은 전통적인 정부와 시장의 역할에 대한 논쟁에 대해 의
미 있는 답을 제시하고 있다. 시장은 곧 차별화를 통한 동기부여 장

치라고 보는 관점에서 보면 관치 차별화야말로 시장의 기능을 보완하는 것이었으며 개발연대 패러다임이야말로 시장과 정부가 대립적이 아니고 서로 같은 일을 하면서 공조·협력의 길로 가야만 발전의 역동성을 만들어 낼 수 있음을 실증한 예라 할 수 있다. 단지 이 경우 정부의 개입 목적이 시장의 차별화 기능에 역행하는 평등주의의 실현이 아니라 시장 차별화의 보완 또는 강화여야 한다는 조건이 충족되어야 함은 물론이다.

여기서 더 나아가 기존의 논쟁은 시장실패와 정부의 개입 필요성 여부에 초점이 맞춰졌지만 삼위일체 발전론과 한국 등 20세기 이후 압축성장의 경험은 제3의 주체로서 기업의 성장이 경제발전의 필수불가결한 요인임을 웅변하고 있다. 이론적으로 시장의 차별화 실패의 제1차적 치유장치는 기업이라는 사적 조직이며 경험적으로도 기업의 시장 영역 확대 역할이 경제발전을 견인하였다.

물론 시장의 불완전성으로 인해 기업 또한 무임승차에 노출될 수 있기 때문에 기업이 최종적인 경제발전 실패의 치유장치이기는 어렵다. 마지막 보루는 역시 시장 외적 장치로서 공적 조직인 정부의 차별화 기능이다. 여기서 삼위일체 차별화 경제발전이론이 등장하게 되는 것이다.

그래서 박정희 패러다임의 성공은 '우량기업 중심의 관치 차별화 정책을 통한 기업 육성정책이 바로 경제성장과 발전의 전제'라는 새로운 명제를 확인·증명하는 셈이다. 물론 이 명제는 그동안 경제학에서는 별로 중시해오지 않았다. 하지만 한국의 박정희 시대는 물론 일본의 근대화, 중국의 지난 30년간의 경제도약, 싱가포르와 타이완의 경제도약 과정은 물론 서구의 산업혁명 과정, 미국의 영국 경제 추월과정 등 실제 현실에서 일관되게 확인되고 있다.[17] 이 책은 이미 앞에서 박정희 근대화전략은 "자본주의 기업부국 패러다임"이라 정의하였음을 기억하기 바란다. 기업은 시장과 정부와 동등한 수준에서 중요하게 다뤄야 할 경제발전의 견인차이다.

그러나 한국의 개발연대 관치 차별화 정책은 경제발전의 필요조건이긴 하지만 충분조건은 아니다. 나아가 차별화 정책이 아무리 사려 깊게 추진된다 하더라도 정부의 개입에 따른 전형적인 부작용, 예컨대 지대추구나 도덕적 해이 조장, 정경유착의 문제들을 해소하기 위한 노력도 같이 경주되어야 한다는 사실 또한 잊어서는 안 될 것이다.

산업정책의 성공요인에 대한 함의

한강의 기적은 정부의 산업 육성정책의 성공과정이다. 수출산업의 육성이 그러하고, 중화학 공업화가 그러하고 심지어 새마을운동도 실은 농업 육성정책의 일환이라 할 수 있다. 우리는 이런 육성정책의 성공원리가 경제적 차별화 정책, 즉 정부가 기업이나 경제주체의 성과에 따라 차별적으로 지원하는 정책에 있다고 했다.

과거나 지금이나 산업정책에 대한 비판은 여전히 정부가 '어떻게 사전에 승자를 알아내서' 지원을 할 수 있느냐 하는 정보의 불완전성 문제에 집중되고 있다. 산업정책 주창자들은 여러 가지 방법으로 이 문제를 극복할 수 있는 방안들을 제시해 왔지만 여전히 성공하지 못하고 있다. 예컨대 대니 로드릭(Dani Rodrik)과 같은 학자들은 "승자가 아니라 패자를 골라 퇴출시키면 된다."는 주장도 하지만 승자를 모르면 패자도 모르는 법이니 이는 답이 될 수 없다.

한국의 경험은 이 문제에 독특한 해법을 제시하고 있다. 우선 '사전이 아니라 사후에' 시장경쟁의 결과 나타난 '시장성과'에 따라 선택하고 지원하는 것이 성공의 길임을 시사하고 있다. 앞에서 살펴본 대로 개발연대 산업정책들은 일관되게 사후 승자 선택방식이었으며 평가기준은 이미 성공과 실패로 판가름 난 시장성과였다. 즉 시장이

내보내는 신호정보에 따라 정부가 시장을 대체하는 것이 아니라 시장과 협력하는 방법으로 어느 산업의 어느 기업을 지원할지 선택하는 것이다. 이렇게 시장의 정보신호에 공조하는 경제적 차별화 정책 패러다임이야말로 그간 '정보 불완전성' 문제에 집중된 산업정책 논쟁에 해결책을 제시한 셈이라 할 수 있다.

그리고 여기서 새롭게 해석한 시장의 차별화 기능 자체가 신상필벌에 따라 매시장기(市場期)마다 승자선택을 통해 산업정책을 집행하고 있는 것과 다르지 않다는 사실에 주목할 필요가 있다. 그래서 정부는 시장의 산업정책 기능을 복제·집행하였다고 해석할 수 있다.

다음으로 그간 한국의 산업정책은 사실상 기업을 선택하고 차별적으로 지원하는 '기업 육성정책'이었다. 산업 전체를 지원 대상으로 선택할 경우 지원은 1/n로 흐를 가능성이 높다. 결국 개별 기업을 선택하는 것이 경제적 차별화에 더 유리할 수 있다고 보면 이것이 성공 가능성을 높였다고 할 수 있다. 물론 어떤 산업을 선택할 것이냐 하는 문제가 남아 있고 이는 정부와 학계와 기업이 머리를 맞대고 고민해야 하겠지만 궁극적으로는 성공하는 기업이 선택하는 산업을 따를 수밖에 없을 것이다.

종합하면 "시장성과에 따라 사후 승자 선택방식으로 좋은 성과를 낸 기업을 차별적으로 지원해야 산업정책의 성공확률을 높일 수 있다."는 교훈을 한국의 경험은 제시하고 있다.

민주정치의 미래에 대한 함의

마지막으로 박정희 대통령의 정치의 경제화 패러다임은 정치의 경제적 역할에 대해서 의미심장한 시사를 주고 있다. 우리는 박정희 대통령이 정치의 경제화를 통해 경제정책의 정치적 왜곡을 차단한 것이 경제성공 요인 중의 하나라고 했다.

정치의 경제발전에 있어서의 역할은 일반적으로 두 가지 패러다임이 가능하다. 그 하나는 박정희 대통령과 같이 포퓰리즘 정치를 차단하는 경우이다. 이 경우 정치는 경제적 차별화 정책을 후원하거나 방관하게 된다. 다른 하나는 반대의 경우로 민주정치의 평등 이념이 경제평등주의로 변질되고 이것이 경제정책 전반을 지배하는 경우이다. 후자의 경우가 바로 이미 몰락한 사회주의 국가들이거나 정도는 약하지만 아직도 사회주의 이념을 못 벗어나고 있는 체제 전환국들(분명 중국은 예외이다), 오늘날 선후진국을 막론하고 전 세계적으로 확산되는 사회민주주의 국가들의 경우이다. 한국의 경험은 이들 후자의 패러다임은 (이미 경험해 왔고 또한 지금 경험하고 있는 것처럼) 경제정체를 면키 어려울 뿐만 아니라 앞으로의 미래도 밝지 않다는점을 시사하고 있다.

시장의 본질은 경제적 차등과 불평등 압력을 통한 동기부여와 경제발전 기능인 데 반해 민주정치 체제의 지향점은 정치적 자유와 평등이다. 그러나 특히 사회민주주의 체제의 보편화 현상을 통해 알 수 있듯이 1인 1표 민주주의는 정치적 평등은 물론 경제적 평등도 추구하게 되는 것이 보편적 경향이다. 이와 같이 정치적 평등의 이상이 경제적 평등을 추구하게 되면 경제적 차등과 불평등이 본질인 시장의 기능을 압도하게 되어 경제의 성장과 발전의 유인은 차단될 수밖에 없게 된다. 이제 인류가 부딪치고 있는 어려운 과제는 어떤 형태의 민주주의가 더 정치적 자유와 평등의 훼손 없이 경제적 차별화와 그에 따른 불평등을 보전시키는 데 효과적이고 유용할 것인지 찾는 일이라고 생각한다. 한국의 민주주의 정치 또한 이런 문제에서 자유롭지 않다는 사실을 잊지 말아야 할 것이다.

이와 관련하여 명심해야 할 명제는 "국가는 법 앞에 평등한 기회를 보장해야 하지만, 경제적 기회나 결과의 평등을 보장할 경우 경제발전의 정체를 면하기는 어렵다."는 점이다. 물론 경제적 기회의 확대를 위한 국가의 노력이 필요하다는 점에 대해 이의를 달기는 어렵다. 하지만 경제적 결과는 물론 기회마저도 모두 시장이 신상필벌의 원칙에 의해 부여할 몫이라는 점, 즉 둘 다 대가를 지불해야 하는 '경제적 재화'라는 사실을 외면해서는 안 될 것이다.

7장

개발연대의 몇 가지 난제에
대한 재해석

이제 새로운 경제발전관으로 개발연대에 대한 잘못되었거나 미흡했던 해석을 바로잡을 필요가 있을 것이다.

어떻게 유신 등 권위주의 정치 하에서
경제발전이 가능했나

오늘날 민주정치는 경제적 평등을 추구하는 포퓰리즘 정치로 변질되고 있다. 선·후진국을 불문하고 사회민주주의가 보편화되고 있음에 주목해야 한다. 이는 민주주의 성격상 불가피한 측면이다. 표에 의해 경제정책이 결정되는 의회 우위의 정책결정 체제는 불가피하게 평등주의 경제정책으로 흐를 수밖에 없다. 경제적 수월성을 추구하는 경제발전 정책의 설 땅은 그만큼 좁아지게 된다. 결국 경제적 불평등을 용인할 수 있는 자유시장 민주주의는 경제발전에 도움이 될 수 있으나 경제적 평등을 추구하는 평등민주주의 혹은 포퓰리즘 민주주의는 발전에 장애가 된다.

박정희의 권위주의적 리더십이 경제발전과 양립할 수 있었던 것은 바로 이런 포퓰리즘 민주정치를 사전에 차단했기 때문이다. 그래서 개발연대는 정치의 경제화, 즉 정치의 경제에 대한 평등주의적 부정적 영향을 차단함으로써 민주정치의 부작용을 최소화하여 인센티브를 차별화하는 경제정책을 실행할 수 있었다. 역사에 가정은 없다고 하지만 오늘날의 한국 정치상황이 개발연대를 덮었다면 경제적 차별화 정책을 시행할 수 있었을지 상상해 보라. 반면 그후 지난 30여 년간은 역으로 경제가 정치화됨으로써 경제정책은 실종되고 모든 정부의 지원 정책이 지원금을 1/n로 나누는 평등주의 사회정책으로 변질됐다.

정치학계나 정치계가 민주주의라는 잣대로 박정희의 쿠데타나 유신을 부정적 시각에서 볼 수는 있다. 하지만 반면 이를 통해 지속가능한 경제발전을 이룰 수 있었을 가능성도 같이 보는 균형 잡힌 시각도 필요하다고 생각한다. 다시 말하지만 민주주의는 국민경제 문제를 해결하는 만능의 하느님이 아니기 때문이다.

관치와 부자유 속의 발전은 어떻게 해석할까

박정희 시대의 성공은 자유주의 경제학자들의 아킬레스건이다. 관치와 부자유 속에서 성공했기 때문이다. 그러나 경제발전이 반드시 경제적 자유만으로 되는 것은 아니며 여기에 정부의 경제적 차별화 전략이 가미되어야 한다는 명제를 수용한다면, 경제발전은 자유 그 자체보다도 자유경쟁을 통해 경제적 차등과 불평등을 초래하는 시장의 차별화 압력이 더 직접적인 동인이 된다. 따라서 경제적 자유는 경제적 불평등을 초래할 수 있기 때문에 경제발전에 기여할 수 있는 것이다. 그래서 경제발전의 원동력으로 자유도 중요하지만 더 근본적으로는 선택의 자유를 통한 차별과 차등의 압력이라는 점을 명심할 필요가 있다. 소위 경제적 자유를 허용해 놓고도 결과는 물론 기회의 차등과 차이를 용인하지 않는 사회는 사회주의와 다르지 않다는 점을 명심하는 것이 좋을 것이다.

　그래서 박정희의 관치, 부자유 속에서의 성공은 관치가 경제적 평등을 추구한 것이 아니라 '신상필벌'을 내걸고 경제적 차등과 차별을 허용하는 차별화를 추구함으로써 기업 간, 개인 간, 마을 간에 치열한 성공경쟁을 창출할 수 있었기 때문에 성공이 가능했던 것이다. 우리는 이미 이를 일컬어 '관치 차별화 전략'이라 명명하였다.

재벌은 친대기업정책이 아니라
친중소기업 육성정책의 성공결과이다

친박정희든 반박정희든 박정희 정책을 재벌중심의 경제정책이었다고 하는 데 이의를 달지 않고 있다. 그러나 이는 경제실상을 잘 모른 해석이다. 박정희 정책은 중소기업 육성정책을 성공적으로 이뤄 경쟁력 있는 대기업의 출현을 유도하였다고 봐야 옳다. 1940~1950년대 혹은 1960년대 중소·중견기업들을 20년 만에 세계적인 대기업들로 육성한 중소기업 육성정책의 성공이 박정희 패러다임의 진수임을 이해할 수 있어야 한다.[18] 시장성과를 통해 능력이 인정된 성장하는 중소기업들을 조세·금융·외환정책 등을 통해 우대하고 이들이 실패하는 중소기업을 인수하도록 허용함으로써 빠른 속도로 대기업으로 성장할 수 있도록 유도할 수 있었다. 결과적으로 이를 통해 기업

성장이 경제성장과 발전을 견인하게 된 것이다.

그러나 지난 30년은 획일적 지원 정책으로 오히려 못하는 중소기업이 상대적으로 더 대접받아 성장유인이 사라져 경쟁력 없는 중소기업 천국을 만들어 내고 있는 것이다.

중화학공업화 전략은 실패한 정책인가

박정희의 중화학공업 육성정책도 자유시장 경제론자들에겐 아킬레스건이다. 성공하기 어렵다고 배운 정책이 성공했으니 말이다. 그래서 이미 1980년대에 한국 정부와 세계은행은 공식적으로 박정희 중화학공업화 정책은 실패했다고 선언했다. 그러나 오늘날 한국 경제는 그 실패했다는 중화학공업이 이끌어 가고 있으니 이 역설을 어떻게 받아들여야 할까? 일부 자유 시장론자들은 애써 이 성공을 무시하거나 폄하하기에 바쁘고, 인정한다는 좌파는 그 성공의 원인을 잘 모른다.

우리의 새로운 경제발전관으로 보면 산업정책은 경제적 차별화 정책으로 접근해야 성공 가능성을 높일 수 있다. 실패하는 기업들보다 성공하는 기업들에게 더 많은 자원 이용기회를 열어 주는 경제적 차별화 원리에 따른 관치 산업정책은 그 성공 가능성이 높다. 개발연대 중화학공업화 전략은 수출을 통해 투자자금을 확보한, 다시 말해 기업 경영능력과 성공경험이 있는 기업들만 참여할 수 있었고 이것이 실패 가능성을 최소화했으며, 나아가 성공을 가져온 것이다.

그동안 주류 경제학계의 산업정책 반대이유는 정부가 승자를 미리 선택하여 지원해야 한다는 고정관념 때문이다. 정부가 산업을 일으키려면 유망산업을 미리 알고 선택해야 하기 때문에 미래를 정확히 알 수 없는 정부가 이 일을 잘할 수 없다는 게 논점이다. 그러나 새로운 관점으로 본 한국의 개발연대 산업정책은 정부가 사전에 승자를 선택한 것이 아니라 사후적으로 시장의 승자를 선택해 지원했던 것이다. 즉 시장의 차별적 선택결과에 따라 사후적으로 관치 차별화함으로써 사전선택적 산업정책이 빠질 수밖에 없는 실패 가능성을 줄일 수 있었던 것이다.

집적과 집중의 수확체증 효과

집적과 집중은 수확체증 현상의 원천이다. 산업의 집적과 집중이 외부 효과와 시너지 효과를 통해 지역의 발전, 도시의 발전을 가져온다. 평등하고 균형되게 분산된 산업과 지역경제 분포는 경제도약의 동력을 추동하기 어렵다. 입지조건이 유리한 지역부터 시동을 걸어 점차 그 외부 효과와 스필오버, 혹은 적하 효과(trickle-down effect) 등을 통해 발전의 시너지가 퍼져 나가는 과정이 발전의 과정이지 평등한 투자와 개발이 발전을 가져오는 예는 없다. 그렇기 때문에 경제력 집중과 지역 불균형을 청산하여 경제평등을 추구하는 균형발전이나 경제민주화 정책들은 발전에 장애가 될 수밖에 없다.

8장

박정희의 성공 리더십과
오늘에 대한 교훈

박정희 리더십을 어떻게 규정할 수 있을까? 이 질문에 대한 답을 찾기 위해서는 무엇보다도 논쟁거리가 될 수 있는 "〈정치의 경제화〉와 〈경제의 정치화〉, 어느 패러다임이 경제발전을 가져올까?"라는 질문에 대한 입장을 정리할 필요가 있다. 민주주의 속성과 경제발전의 원리에 대한 우리의 견해와 그동안의 한국을 포함한 세계 경제발전사에 따르면 정치를 경제화하는 나라만이 지속가능한 발전을 이뤘다.

그러나 그 예 또한 많지 않다. 물론 이를 위해 독재나 권위주의 정치에 반드시 의존해야 한다거나 혹은 서구 민주주의에 의존해야 좋다고 주장할 수도 있겠으나 정답은 없어 보인다. 후진국들 중 독재

정치 하에서도 성공한 예가 희귀한 것과 마찬가지로 서구식 민주주의 하에서 정치의 경제화를 이루기가 그리 쉽지 않음도 확인할 수 있다. 현대에는 영국의 대처 수상이 전형적으로 '정치를 경제화'한 리더십으로서 3류국가로 전락하는 영국 경제를 살려 냈다.

덩샤오핑, 리콴유(李光耀) 등이 박정희에 가까운 리더십이라 할 수 있다. 여기서 우리는 박정희의 정치적 공과는 정치가나 정치학자들의 판단영역이지만 국민경제 발전의 측면에서 볼 때 그의 선택을 높이 평가해야 한다고 생각한다.

구체적으로 박정희의 리더십은 경제민주화를 배격하고 정치를 경제의 수단으로 삼았다. 철저하게 성과에 기초하여 '스스로 돕는 자를 도운 하나님 역할'을 수행함으로써 인류 역사상 거의 최초의 초고속,[19] 동반성장의 경제적 도약을 이룬 희귀한 경제적 차별화 리더십이라 부를 수 있을 것이다. 즉 신상필벌, 하늘은 스스로 돕는 자를 돕는다는 메시지와 정책으로 흥하는 국민들을 우대함으로써 모두가 흥하는 대열에 참여케 하고 결과적으로 흥하는 이웃들을 양산하는 데 성공한 경제적 차별화 리더십이라 할 수 있다.

정치적 독재도, 정부 주도도, 기업 육성도, 수출 육성도, 중화학공업 육성도, 새마을 육성도 모두가 '독특한 박정희의 신상필벌의 차별화 리더십' 때문에 성공에 기여할 수 있었지, 이러한 리더십이 없었다면 정치적 독재를 해도, 정부 주도로 해도 기업 육성정책과 수출 육성정책 그리고 중화학공업 육성정책은 물론 새마을운동마저도 모두 평등주의로 빠져 성공을 보장하지 못한다는 것이 우리의 발견이며 역사의 경험이다.

마지막으로 박정희의 성공의 진수를 오늘날의 경제문제들과 연관해서 온고이지신(溫故而知新) 차원에서 다시 정리해 볼 필요가 있다고 생각한다.

우선 박정희 경제성공은 동반성장과 행복경제의 모범이었다. 성과에 따른 차별적 대우로 모두를 발전의 길로 유도함으로써 동반성장을 이끌었다. 너도나도 앞선 자의 성공 노하우를 따라 배워 스스로 돕는 자로 변신하여 흥하는 이웃이 되었다. 수출 성공기업을 적극 지원하고 이들의 국내 투자를 적극 유도함으로써 외수·내수, 대기업·중소기업, 제조업·서비스업을 동반성장시키고 지속적으로 국내 일자리를 창출함으로써 모든 국민의 행복시대를 열었다.

둘째, 세계최고의 창조경제를 이룩했다. 1950~1960년대 마차를 굴리던 농업경제를 1980년대 자동차를 타는 첨단산업국가로 변신시킨 창조경제의 모범이었다.

셋째, 세계역사상 가장 빠른 속도로 중소기업을 대기업으로 육성한 중소기업 육성전략의 모범이었다.

마지막으로 이 모든 놀라운 경제변화를 '시장의 차별화 기능에 따라 스스로 돕는 자를 돕는 신상필벌의 리더십'으로 달성하였다.

오늘날 한국 경제가 안고 있는 여러 난제들을 풀고 싶다면 바로 박정희의 성공원리를 다시 되새겨 교훈을 찾는 일부터 해야 할 것이다. 박정희 청산이 아니라 재발견을 통해 많은 답을 얻을 수 있을 것이다.

더 나아가 박정희의 성공원리는 오늘날 저개발의 늪에서 헤어 나오지 못하는 대부분의 포퓰리즘 혹은 사민주의 하의 개발도상국들, 더 나아가 장기 저성장의 늪에서 못 벗어나고 있는 서구 선진 사민주의 국가들에게도 큰 교훈이 될 수 있을 것이다. 이들이 그동안 '경제의 정치화'를 통해 경제평등주의 정책체제를 공고히 함으로써 '경제적 차별화 발전원리'에 역행해 왔다는 사실을 깨닫게 된다면, 또한 저개발과 장기 성장정체를 벗어나는 길이야말로 바로 '경제적 차별화 원리'의 회복에 있음을 쉽게 알 수 있으리라 생각한다.

9장

한국의 발전경험과
한국발 경제학 혁명을 고대하며

소위 이단적 경제정책으로 성공한 박정희 정책 패러다임은 1980년
대 이후 점차 교과서적인 정책으로 대체되었다. 시장 중심적 신고전
파 경제학과 균형발전 이념이 지배하면서 지난 30년 한국의 선진화
전략은 철저히 박정희를 청산하고, 국토와 지역간의 균형발전과 기
업생태계의 균형발전, 소득균형, 경제력집중의 규제, 경제민주화 등
선진국의 평등 지향 사민주의를 따라 하기였다.

1980년대 후반 이후의 경제 역동성 하락요인:
관치 경제평등주의 정책

〈그림 3〉의 '지난 60년 동안의 한국경제발전사' 그래프에 의하면 개발연대 시기 연평균 8~9퍼센트 성장으로 30년 동안 한강의 기적을 이룬 한국 경제는 1980년대 후반 이후부터 잠재성장률이 지속적으로 하락하여 오늘날 3퍼센트대로 추락하고 있다. 이런 성장 잠재력 둔화원인은 무엇일까? 1980년대에 들어서면서 5공화국 정부에 의해 박정희 정책 패러다임을 청산하는 작업이 진행되었음은 주지하는 바와 같다. 박정희 정책이 경제 불균형을 초래했기 때문에 더 평등하고 균형 잡힌 경제를 지향한다는 명분하에 각종의 규제와 지원 정책들을 양산하기 시작했다. 이런 새로운 정책 패러다임을 박정희

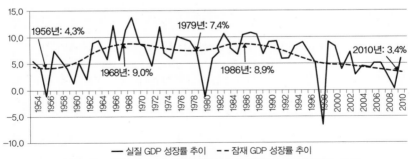

〈그림 3〉 **지난 60년 동안의 한국경제발전사: 잠재성장률 추세**

시대에 대비해서 한마디로 부른다면 경제평등주의라 할 수 있다. 그 진수가 바로 1987년 민주헌법에 등장한 경제민주화이다.

지난 30여 년의 경제성장의 둔화와 경쟁력 저하의 원인은 '경제를 민주화'한다고 홍하는 국민들을 폄하하는 경제사회 제도를 만들어 내 국민들의 자조와 발전정신을 약화시킨 결과라고 할 수 있다. 그 이후 남 탓하고 대기업, 부자, 수도권 탓하는 국민들이 양산되고 이제 "내 실패는 사회 탓이며 정부가 책임지라."는 국민들의 목소리가 더더욱 커지면서 정치는 지속적으로 포퓰리즘 민주정치로 전락해 왔다. 개발연대 자조정신으로 충만했던 국민들이 이제 남 탓, 정부 탓하는 국민들로 바뀐 것이다. 1980년대 중·후반 이후 한국은 우수한 경제주체에게 경제적 자원을 집중시키고 집적을 유도해 온 시장과 정부의 기능을 해체했다. 그리고 경제적 평등과 실효성 없는 균형발전 등을 추구해 왔다.

우리는 1980년대 중·후반 이후 특히 1990년대부터 균형발전과 유사사회주의 이념인 경제민주화로 대변되는 반 차별화 경제평등주의를 정책 패러다임으로 지향해 왔다. 1980년대 중·후반 이후의 경제정책 패러다임을 개발연대의 '관치 차별화'에 대비하여 '관치(에 의한) 평등주의'라 부를 수 있다. 그 구체적 사례들은 다음과 같다. 대기업은 크기 때문에 무조건 규제하고 중소기업은 작기 때문에 성과를 무시한 채 평등지원하고, 지역균형을 위한다고 수도권의 성장은 규제하고 지방을 평등하게 지원하여 기업과 지역의 하향 평준화를 초래해 왔다.

농업 지원정책은 개발연대 새마을운동과는 정반대로 가난한 농민만을 우대함으로써 농민을 더 가난한 농민으로 주저앉게 만들고 오히려 농업 구조조정을 지연시키고 있다. 더구나 노조는 약자라고 무소불위로 키워 국내 투자의 걸림돌이 될 정도로 세계에서 가장 전투적인 노조로 방치해 왔다. 수월성을 포기한 교육 평준화 정책은 우수학생 역차별로 실력의 하향 평준화를 초래하고 공교육 부실과 사교육의 발호를 조장함으로써 가난의 대물림을 고착시켜 왔다.

나아가 획일적 대학 지원정책과 과학기술 지원정책으로 우수한 학교와 연구자를 역차별하여 연구 수월성을 훼손해 왔다. 최근에는 균형발전이라는 이름으로 수도를 분할하여 정부의 효율성에 심대한 부정적 영향을 미치고 있다. 또한 무차별 보편복지로 그동안 실패해 온 사민주의 복지국가의 길로 치닫고 있다.

심지어 산업정책에서도 경제적 차별화 원리는 사라지고 골고루 나눠 지원하는 평등 지원정책이 지배하게 되었다. 김대중 정부의 벤처 육성정책, 노무현 정부의 동력산업 육성정책, 이명박 정부의 녹색성장정책들이 모두 말은 산업 육성정책이라지만 그 내용은 모두 균등배분 지원정책으로 일관해 일종의 사회정책으로 전락하여 별 성과를 내지 못하였다. 정부에 의한 경제평등의 보장은 성장·발전의 안티테제로서 경제정체의 충분조건이라 했다. 이뿐이 아니다. 민주화된 정치는 끝도 모를 포퓰리즘으로 치달아 이제 경제가 완벽하게 정치화되었다. 경제적 논리도 없이 기업에 대한, 크기·분야·입지에 따른 정치적 차별 규제가 난무하고 있다. 그래서 오늘날 한국의 경제정책 패러다임은 개발연대 박정희의 '정치의 경제화와 경제적 차별화' 정책 패러다임과는 정반대의 '경제의 정치화와 경제평등주의'라 할 수 있다.

결국 1980년대 중반 이후 한국의 경제정책 패러다임은 균형발전과 경제민주화의 이념 하에 경제적 평등을 앞세워 경제적 수월성을 희생함으로써 경제의 하향평준화를 초래하였다. 이것이 바로 오늘날 경제의 역동성 저하와 각종 양극화의 근본원인이라 할 수 있다.

특히 1980년대 중·후반 이후에는 겉으로는 경제발전 정책이라지만 실제로는 많은 경우 성과에 관계없이 획일적으로 지원하는 사회보조 정책이 남발되면서 경제발전 효과가 사라지기 시작했다. 사실상 경제적 차별화를 통한 동기부여 정책으로서의 경제정책이 실종된 것이다. 경제역동성의 하락은 불가피한 것이었다. 한편 수출제조 대기업들이 각종 국내규제 때문에 수출수익을 국내 투자로 환원하지 않음으로써 수출과 내수 간의 연계가 사라져 각종의 양극화에 시달리게 되었다. 오늘날 국내 대기업 투자규제정책은 투자할 능력이 있는 기업들의 국내 투자를 막고 해외투자에 나서게 조장하여 일자리를 해외에 수출하는 양극화 조장정책으로 전락하였다.

흥미롭게도 신고전파의 경쟁시장 모형은 평등한 시장을 가정하고 있어 평등과 균형의 이념을 수용하는 데 문제가 없다. 수정자본주의나 사민주의를 추종해온 OECD 평균 따라가기가 어느새 경제정책의 표준이 되었다. 그러나 그 결과는 참담하다. 개발연대 30년 가까이 세계 최고의 성장과 가장 양호한 동반성장을 실현했던 경제가 지금은 3퍼센트대의 잠재성장능력에 분배의 악화, 청년실업의 누증, 가계부채, 심지어 경제양극화에 시달리고 있다.

한국발 경제학 혁명을 고대하며

이렇게 해서 한국은 지난 60년 동안 정반대의 두 경제정책 패러다임을 실험하였다. 전반은 '정치의 경제화와 경제차별화', 후반은 '경제의 정치화와 경제평등주의'이다. 그 성과를 요약하면 전반은 '세계 최고의 성장과 가장 양호한 동반성장', 후반은 '추락하는 성장잠재력과 경제양극화'라는 정반대의 결과로 나타났다.[20] 이런 경험은 경제발전 정책을 연구하는 경제학도들에겐 연구과제로서 너무나 값진 경험이다. 물론 오늘날 경제적 어려움을 국민들에게 강요하게 되긴 했지만 말이다. 60년이라는 2세대 정도의 짧은 기간에 이렇게 극명하게 서로 대립되는 경제정책 패러다임과 경제 현실을 경험한 경제가 지구상에 한국 말고 어디에 있는가?

그러나 역사적 지평을 더 넓혀 보면 이런 우리의 경험은 우리만으로 한정된 것이 아니다. 200여 년의 자본주의 경제발전 역사를 가진 서구 및 일본 등 선진국들의 경우도 18세기 후반~19세기 초 산업혁명 이후 150여 년에 걸쳐 '역동적 성장과 분배개선' 경험을 했다. 그리고 지난 제2차 세계대전 이후에는 수정자본주의와 사민주의 체제로 전환했고 그후 오늘날 '저성장, 분배악화'를 겪고 있다.

우리의 지난 60여 년의 경험과 다르지 않다. 단지 우리는 더 압축적 경험을 하고 있을 뿐인 것이다. 한편 제2차 세계대전 이후 신생 독립국들로 출발한 지금의 많은 개발도상국들도 저성장 국면을 못 벗어나고 있다.

필자의 관찰에 의하면 일반적으로 '역동적 성장과 분배개선'의 시대는 바로 '정치의 경제화와 경제적 차별화' 시대인 반면, '저성장과 분배악화'는 '경제의 정치화와 경제평등주의'시대와 일치하는 것으로 보인다. 특히 20세기 후반의 수정자본주의나 사민주의 체제의 경험을 통해 경제평등을 실현하기 위한 인위적 분배개선이 지속가능한 개선을 담보하지 못한다는 점도 쉽게 확인할 수 있다.

이런 관점에서 오늘날 세계 경제학계의 발목을 잡고 있는 반세기 이상의 평등주의 정책 속의 장기 성장 침체와 양극화라는 역설의 원인도 바로 평등민주주의에 의한 경제의 정치화와 그에 따른 경제평등주의 정책에 있음을 확인할 수 있다. 그동안 많은 경제학자들이 지금의 경제양극화 현상을 자본주의의 본질 때문이라 주장하고 자본주의 체제의 개혁을 주장해 왔지만 실은 모든 문제의 근본원인이 바로 평등을 지상과제로 추진해 온 사회민주주의, 수정자본주의 혹은 복지국가 모형 등의 평등민주주의에 있음을 알 수 있다.[21]

평등민주주의에 대한 개혁 없이 지금 전 세계 경제가 봉착한 장기 성장정체와 양극화 문제를 풀 길은 없어 보인다. 흥미로운 것은 우리 경험의 관점에서 볼 경우라야 이 모든 그림이 더 명백해진다는 점이다. 이것이 의미하는 바는 바로 우리의 경험이 특수한 경험이 아니라 이미 선진화된 국가들의 장기간에 걸친 (쉽게 잘 보이지 않는) 일반적 경험의 압축형이라는 것이다. 이런 점에서 박정희 성공정책의 패러다임은 여전히 살아 있는 경제학이라 할 수 있다.

이런 관점에서 우리의 경험을 잘 살려내 기존 이론들을 보완하여 새로운 경제발전 정책이론으로 체계화해 낼 수 있다면 세계 70억 인류의 보다 밝은 경제적 미래를 위한 경제학 교과서를 다시 쓸 수 있다고 생각한다. 이를 위해 가장 중요한 일은 그동안 필자를 포함 한국의 경제학계를 지배해 온 학문적 사대주의와 훈고학(訓詁學)적 연구관행을 과감히 탈피하여 보다 실사구시(實事求是)적으로 접근하는 일일 것이며 이를 위한 신념은 "가장 한국적인 것이 세계적일 수 있다."는 믿음이라고 생각한다. 우리야말로 인류 역사상 최고의 창조경제인 위대한 한강의 기적을 이룬 국민이 아니었던가! 여기서 삼위일체 차별화 경제발전론으로 우리는 그 여정의 첫 페이지나마 써 보고자 노력하였다.[22] 한국발 경제학 혁명에 더 창의적인 경제학도들의 도전을 기대해본다.

주

1. 적확한 예가 아닐 수도 있지만 가끔 박정희 산업정책의 성공을 인정하는 장하준 교수가 이에 해당될 것이다. 장 교수는 한국, 일본 등은 물론 서구 선진국들이 거의 모두 경제도약 과정에서 산업보호 정책을 시행했음을 밝힘으로써 시장 중심의 주류경제학적 사고의 문제점을 밝히는 데 기여했지만 아직 본서와 같이 산업정책 성공의 일반이론을 제시하는 데에는 못 미치고 있다. 이에 대해서는 Chang(1994, 2002) 참조.

2. 반론으로 홍콩을 거론할지 모르나 이는 영국의 복제품에 불과하여 후진국 경제개발 모델이 되기는 어렵다.

3. 후쿠야마(Fukuyama, 1992)는 『역사의 종언』이라는 책을 통해 인류 역사의 발전은 이제 '자유민주주의와 시장경제 체제'의 승리를 끝으로 이념과 체제경쟁이 종식되었다고 주장하였다. 하지만 아직도 시장경제는 물론 민주주의는 서로 충돌하면서 진화하고 있는 중이다.

4. 자본주의 기업경제론의 체계적 주장에 대해서는 졸저(2012) 참조.

5. 타이완은 개발 초기 본토로부터 이주한 국민당 정부가 민간 대기업의 독점방지와 경제적 평등을 주창한 쑨원의 민생경제를 실현한다고 대규모 중화학공업과 소위 민생산업 등 기간산업을 국영화하면서 민간자본은 노동집약적 중소기업 부문을 담당하게 되었는데 이들 중소기업들이 초기에는 과거 점령국인 일본의, 그리고 나중에는 점차 미국 등 선진국 기업의 하청기업으로 특화하게 되었다. 특히 여기에는 정치적으로 안정적인 타이완 통치를 위해 현지 민간 대기업의 출연을 환영하지 않았던 국민당 정부의 이념과도 관계가 없지 않았던 것으로 보인다. 따라서 타이완의 중소기업 중심의 기업 생태계는 일종의 인위적 결과로서 경제도약의 견인차 역할을 지속하기가 어려웠으며, 1980년대 이후 경제성장의 정체를 경험하게 되었다. 그러

나 1980년대 현지인 집권세력이 등장하여 민간 대기업 성장을 장려하면서 1990년대 이후에는 ICT산업을 중심으로 대기업들이 크게 신장되어 타이완의 GDP 대비 10대 제조 대기업의 매출액은 2000년 14.5퍼센트에서 2011년 71.3퍼센트로 급증하고 있다. 김군수 외(2014) 참조.

6. 이 장의 논의는 졸저(2006, 2008, 2012a)와 Jwa(2015)에서 자유롭게 전제, 인용, 수정하였다.

7. 이하 원리는 Jwa and Yoon(2004)에서 최초로 제시하였다.

8. 이하 정책사례들은 졸저(2006)에서 일부 전제 혹은 요약하였다.

9. 본문의 새마을운동 실적자료는 김정렴(1990), pp.189~190에서 인용하였다.

10. 당시 청와대 비서실장을 지낸 김정렴 씨의 증언으로 그 상세내용에 대해서는 제3부 제3장 참조.

11. 당시 상공부 새마을공장 지원과 과장(전 경총 부회장, 조남홍 씨)의 증언에 의하면 청와대에는 새마을비서관, 고건, 그리고 김종호, 이진설 씨

등이 근무했으며, 청와대가 성과에 따른 차등지원 정책을 주도하였다. 이에 대해 조남홍 씨는 성과 나쁜 70퍼센트도 조금만 지원하면 좋은 성과를 낼 수 있을 것이라고 항변하였으나 결국 조 과장은 다른 자리로 좌천되고 차등지원 정책은 그대로 시행되었다고 한다.

12. 상세 내용에 대해서는 당시 상공부 공업 제1국장을 지낸 오원철 씨의 회고록, 오원철(1995, 제2권), pp.16~17 참조

13. 조갑제 외(2003), p.266에서 재인용.

14. 그러나 1990년대 이후 영화산업 정책이 바뀌면서 영화산업이 급속히 성장하고 있다. 우선 영화산업이 중소기업 고유업종에서 해제되어 경쟁력 있는 대자본의 진출이 허용됨으로써 고위험 부담이 가능해졌다. 그리고 영화산업에 대한 규제완화로 제작, 배급, 상영의 통합겸영이 가능해짐으로써 멀티플렉스 상영관이 등장하는 등 범위의 경제실현이 가능해졌다. 또한 스크린쿼터의 점진적 완화로 국내 산업에 경쟁적 환경

을 조성할 수 있었다. 특히 1990년대 중반 이후 대기업들의 경쟁적 진입 속에서 삼성, 대우, 현대, 동양 등이 탈락하고 CJ, 롯데 등이 성공함으로써 영화산업은 대기업은 필요하지만 또한 대기업이라고 누구나 다 성공하는 것이 아님을 보여준 흥미로운 사례가 되었다. 부실한 정부의 차별화 정책이 물러나고 시장경쟁에 의한 차별화가 본격 작동되기 시작한 것이 성공의 계기가 되었다.

15. 유신체제가 중화학공업화 달성을 위한 정치체제적 뒷받침 수단이었다는 주장에 대해서는 당시 청와대 경제수석으로 중화화학공업정책을 담당했던 오원철 씨의 증언과 기록, 오원철(2006) 제5장 4절과 제8장 참조.

16. 예컨대 놀랍게도 민주주의 이상을 가장 중시한다는 프랑스가 14개의 과거 아프리카 식민지들로부터 아직도 과거 노예화와 식민화의 대가(?)로 11가지에 이르는 식민세를 강제로 받아내고 있다는 사실도 흥미롭다. 이에 대해서는 Koutonin(2014) 참조.

17. Jwa(2015) 참조.

18. 1940~1950년대 삼성상회, 현대자동차공업사와 현대토건사, 럭키치약, 선경직물, 두산상회, 한진상사, 1960년대 대우오퍼상 등의 중소중견기업들이 오늘날 각각, 삼성그룹, 현대자동차와 중공업과 현대건설 등 범현대그룹, LG그룹, SK그룹, 두산그룹, 한진그룹, 대우그룹(해체) 등의 대기업들로 성장했음을 잊지 말아야 한다.

19. 최고속 성장의 기록은 최근 중국에 의해 깨지고 말았다. 그러나 최초의 최고속 기록은 영원히 우리의 기록이다.

20. 이상의 관점에서 본 지난 60년 한국 경제발전의 역사에 대한 상세한 논의는 졸저(2006, 2008) 참조

21. 다소 논쟁적인 의미로 쓰이고 있는 경제양극화라는 용어는 일상적인 경제적 차이나 차등과 같은 불평등 현상을 의미하기보다 극단적인 1 대 99나 10 대 90 등과 같이 소수의 슈퍼 부자와 대다수의 가난한 자로 양분되는 상황을 의미하는 것처럼 보인다. 이 경우는 사실상 중산층이 무

너져 소멸되는 경우에 해당하겠는
데 자본주의 경제의 일상적 현상이
라기보다는 경제가 극단적 저성장국
면에서 소득원으로서 기업들의 일자
리 창출 능력이 저하되어 중산층이
와해되면서 나타나는 현상이라 할
수 있다. 사회주의가 멸망할 때 산업
기반이 몰락하여 일자리가 사라지면
서 일부 공산당원들을 제외한 전 인
민이 궁핍화되어 사실상의 농경사회
로 역진했던 현상과 같이 일상적 불
평등을 기반으로 하는 자본주의 산
업사회가 장기간 저성장이 진행되면
서 일부의 슈퍼 부자들을 제외한 모
두가 궁핍한 평등한 사회로 역진하
는 초기 과정에서 관찰되는 현상이
라 할 수 있을 것이다. 이런 관점에서
보면 양극화의 원인은 장기 성장 정
체에 있다고 할 수 있고 더 근본적인
원인은 저성장을 초래하는 평등민주
주의에 있다고 할 수 있다. 동일한 분
석에 대해서는 졸고(2012a) 참조.
22. 이 이론의 더 체계적 논의에 대해서
는 졸저(2006, 2008, 2012)와 졸고,
Jwa(2015) 참조.

3부

새마을운동 성공의 진실

1장

새마을운동 연구에 대한
회고와 반성

요즘 새마을운동은 한국 경제발전 경험의 백미처럼 되었다. 개발경제학자들은 너도나도 입만 열면 새마을운동의 성공경험을 말하고 코이카 등 대외협력기관들도 새마을운동의 성공경험을 마케팅하며 해외에 전수하느라 많은 돈과 인력, 노력을 들이고 있다. 그리고 일부 대학들은 앞 다퉈 새마을운동 관련 학과나 대학(원) 등을 설립하고 해외로부터 학생들을 유치하고 있다. 박근혜 대통령이 당선된 이후에는 마치 새마을운동이 되살아나는 것처럼 분위기가 고조되었다. 또한 국제적으로는 전 세계 후발개도국들이 너도나도 새마을운동을 전수받기 위해 한국을 배운다고 학생들과 공무원들을 연수 파견하느라 바쁘다.

그럼 이처럼 제법 오랫동안 진행된 이런 노력들이 얼마나 가시적인 성과를 가져오고 있는가? 새마을운동을 전수받는 나라들의 수는 크게 늘어나고 있으나 실제로 새마을운동이 일부 단편적인 개별 성공 사례들을 넘어 전 국민의 의식개혁운동으로, 더 나아가서는 경제발전의 계기를 마련하는 촉매로서의 역할을 했거나 하고 있는 나라들이 있다는 얘기는 아직(과문한 탓인지는 모르나) 들리지 않는다.

필자의 관찰에 의하면 문제는 새마을운동에 국한된 것이 아니다. 한국의 경제발전 전략이나 정책을 전수하기 위한 노력의 경우에도 거의 모든 분야에서 유사한 사례들이 쌓이고 있다. 지난 십 수년에 걸쳐 한국의 경제발전 경험을 세계에 전파한다고 새마을운동 전수와 비슷하게 애써 왔지만 아직 한국의 경험을 전수받아 가시적 변화를 이뤘다거나 이루고 있다는 나라들은 별로 보이지 않는다.

왜 이럴까? 필자는 감히 이 이유를 국내외 경제학계가 그 성공의 동인을 모르고 있기 때문이 아닌가 생각한다. 유럽에서 시작된 4-H 운동이나 마오쩌둥의 대약진운동, 북한의 천리마운동, 우리의 3공화국 이전의 국민재건운동 등 유사한 사회개혁 프로그램들 중에서도 왜 우리 개발연대의 새마을운동만이 유독 그렇게 놀라운 성과를 냈는지, 더 나아가 좀 더 크게 보아 왜, 어떻게 한국만이 당시 국내외 정통 경제학계가 반대했던 이단적 정책과 전략으로 경제발전에 성공할 수 있었는지에 대해 아직도 흡족한 답을 못 찾고 있는 것이 아닌가 싶다.

예컨대 한국의 새마을운동의 성공요인이 무엇인가 물으면 아마도 "자조정신이나 하면 된다는 정신"이라고 즉답이 나올 것이다. 마찬가지로 이 정신이 한국의 경제발전의 동인이 되었다고 자랑스럽게 이야기할 것이다. 크게 틀린 답은 아닌 것처럼 들리지만 사실 이 답은 50점짜리 답도 안 된다. 진짜 올바른 답은 "왜 1960~1970년대 지구상에서 다른 어느 곳도 아닌 한반도, 그것도 북한은 뺀 한반도의 남쪽에서만 모든 국민들이 자조·자립정신을 체화하고, 하면 된다고 미친 듯이 새마을 건설에 나서고 수출전선에 나섰는가?"하는 질문에 답해야 하는 것이다.

자조·자립정신이 중요한 인생성공과 국가발전의 정신임을 모르는 나라가 있을까? 더 중요한 문제는 어떻게 하는 것이 국민들을 그렇게 탈바꿈시킬 수 있느냐 하는 하는 것이다. 어린이들의 사회·도덕 교과서에 이런 정신을 강조하지 않는 나라나 사회가 있을까? 오죽하면 서양 속담에도 "하늘은 스스로 돕는 자만 돕는다(God help those who help themselves)."라고 했겠는가?[1] 교육을 열심히 해서 자조자립 정신을 가르치면 국민들이 다 따라올까? 그렇다면 어느 나라가 새마을운동을 못 일으킬 것이고 심지어 경제발전은 못 일으킬 것인가?

1960년대까지만 해도 한국의 농촌을 여행해 본 외국의 경제개발 전문가들은 하나같이 "한국에 미래가 없어 보인다."고 했다 한다. 왜냐하면 그들 눈에 비친 한국 농촌은 게을러 보이고 하늘만 쳐다보는 등 소위 자조·자립정신과는 거리가 멀어 보였기 때문이다. 그런데 20여 년 만에 천지가 개벽하듯이 자조·자립정신으로 가득 찬 나라로 바뀌었으니 그 까닭을 설명해 내기란 그리 간단한 일이 아닌 듯하다.

　　하면 된다는 자조정신이 중요하고 그런 정신으로 하면 된다는 설명은 성공요인을 설명하는 것이 아니라 성공의 내용을 기술(describe)하는 것으로, 말하자면 좋은 정신으로 하면 좋은 일이 생긴다고 말하는 것과 같고 그래서 과학적 설명(scientific explanation)이 아니다. 같은 말로 같은 말을 설명하는 동어반복(tautology)에 그치게 되는 것이다. 그렇게 되면 정책적 시사점 또한 얻기 어렵고 후진국 입장에서 보면 무엇을 어떻게 해야 하는지 갈피를 잡기 어렵게 되는 것이다. 좋은 일(자조정신)은 무엇인지 알지만 그걸 어떻게 해야 얻을 수 있는지, 소위 실천의 노하우를 몰라 방황하게 되는 것이다.

　　그래서 여기서는 논리적·과학적 차원에서 새마을운동의 성공요인이 무엇인가를 밝혀 보고자 한다. 이미 2부에서 일부 설명하였기 때문에 얼마간 중복이 불가피하지만 새마을운동이 갖는 중요성 때문에 좀 더 상세하게 재론하고자 한다. 그동안 언필칭 같은 목적으로 너무나 많은 책과 논문들이 쓰였으나 필자의 눈에는 위와 같은 관점에서의 성공요인에 대해 설명하기보다는 새마을운동을 기술하는 것에 치중하지 않았나 싶다. 예컨대 어떤 목적에서 어떤 이념으로, 어떤 마을공동사업들을 했고, 새마을교육은 어떻게 했고 운동성과는 어땠었다는 기술이 중심이었다는 것이다.

물론 이런 연구들의 유용성을 폄하해서는 안 되겠지만 정책적 시사점을 얻고 성공을 외국에 복제·전수시키는 데는 한계가 있을 수밖에 없다. 그래서 새마을운동의 여러 상세한 내용을 기술해 온 기존 연구들에 보완적으로 자조정신을 채화시킨 전략을 중심으로 성공요인을 설명해보고자 한다.

2장

새마을운동의 약사

추진배경

주지하는 바와 같이 새마을운동의 추진배경은 다음과 같다. 1) 자조정신이 결여되고 침체되어 가난을 숙명으로 받아들이는 성장·발전 유인이 없는 농촌의 의식을 진취적이고 발전 친화적으로 바꿔야 한다는 대통령의 적극적인 의지 하에, 2) 4-H 운동이나 국민재건운동 등 전 정부에서부터 이어져 온 농촌 의식개혁운동의 미미한 성과를 개선해야 하는 문제, 3) 7년 여 가까이 추진된 산업화의 결과 커지는 도·농 간의 소득격차를 완화 및 해결해야 하는 문제, 4) 1960년대 말 불거진 제1차 오일쇼크로 동남아 시멘트 수출시장이 정체되어 발생한 국내 시멘트업계의 과잉생산문제 해결 등 여러 목적을 가지고 있었던 것으로 판단된다.

추진과정과 성과 약사

1) 제1차년도(1970년 11월~1971년 5월): 농한기 기간을 이용하여 실시하였으며 인프라 개선사업에 중심을 두었다. 3만 4,000개 마을을 대상으로 평균적으로 시멘트 335포대를 마을 규모에 따라 균등배분하고, 농촌 인프라 개선사업 범위 내의 10개 정도의 새마을사업 프로젝트(마을 진입로 가꾸기, 지붕 담장 개량, 공동우물, 공동빨래터 설치, 교량 가설, 소하천 정비, 퇴비장 설치, 농로 개설, 간이급수시설, 주택개량, 증산운동 등)를 제시하고 사업선정 및 시행은 마을총회의 결정에 따라 자율적으로 추진하게 하였다.

2) 1971년 제2차년도: 성과 좋은 마을(1만 6,000개)에만 평균 500포대의 시멘트와 철근 1톤씩 공급하고 나머지 마을(1만 8,000개)은 지원 대상에서 배제하였다. 특별히 성과가 우수한 마을에는 100만 원 정도씩의 현금지원도 따랐다.

3) 그후 전 마을을 자립마을, 자조마을, 기초마을로 그 성과에 따라

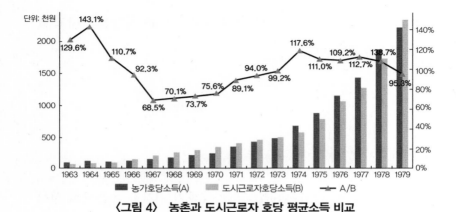

〈그림 4〉 농촌과 도시근로자 호당 평균소득 비교

분류하고 정부의 지원은 항상 자립과 자조마을 중심으로 하고 기초마을은 지원에서 배제시켰다.

4) 성과: 1977년 자립마을은 98퍼센트에 이르고, 기초마을은 사라졌다. 모든 마을이 참여하여 자조마을 이상으로 향상되었고, 도농 간 소득격차도 1974년부터 농촌 우위로 역전되었다.(〈그림 4〉 참조)

5) 1973년부터 새마을공장 육성정책 추진: 당시 정부는 새마을운동의 일환으로 새마을공장 육성정책을 추진하였는데 농촌의 읍·면지역에 농산물 가공공장을 건설하여 수출산업화하기 위한 전략이었다. 세금감면 조치, 수출지원 조치, 운영비 보조 등을 통해 육성 지원하였다. 추진과정을 보면 최초 1973~1974년간 운영실

적을 기초로 성과가 있으면 지원하고 없으면 지원을 감축한다는 지침이 있었다. 당시 상공부의 결과평가에 따르면 270여 개의 농촌공장 중 30퍼센트 정도가 좋은 성과를 내고 나머지 70퍼센트는 성과가 미흡하였다. 이에 따라 정부는 성과를 낸 30퍼센트의 새마을공장에게만 지원을 확대하고 다른 공장에 대해서는 지원을 삭감하였다.

6) 1975년 11월 9일 『뉴스위크』 보도: "새마을운동으로 약 1만 6,000여 개 마을에서 급수시설이 개선되고 100만 호 이상의 초가지붕이 현대식 슬레이트로 개조되었다. 또한 새마을운동에 의한 농가부업으로 농촌의 가구당 수입이 1970년의 744달러에서 1974년에 1,970달러로 증가했다. 새마을운동이 시작된 지 불과 4~5년 만에 한국 국민의 의식구조, 사고방식, 생활환경과 생활태도 등이 획기적으로 달라졌다."

3장

자조하는 마을만 지원한
관치 차별화 정책 재론

이상의 새마을운동의 성과를 한 가지 요인만으로 설명하기는 어려울 것이다. 그러나 우리의 삼위일체 차별화 경제발전원리의 관점에서 볼 때[2] 그 많은 요인 중에서도 성공의 필요조건이라 할 수 있는 가장 중요한 요인은 '자조하는 마을만 지원한 정부 주도의 관치 차별화 정책'이었다고 할 수 있다. 당시 관치 차별화가 진행된 과정을 좀 더 극적으로 정리하면 다음과 같다.

우선 운동을 주도한 박정희 대통령의 기본 철학을 들어보자. "빈곤을 자기의 운명이라 한탄하면서 정부가 뒤를 밀어주지 않아 빈곤 속에 있다고 자기의 빈곤이 타인의 책임인 것처럼 불평을 늘어놓는 농민은 몇백 년이 걸려도 일어설 수 없다. 의욕 없는 사람을 지원하

는 것은 돈 낭비이다. 게으른 사람은 나라도 도울 수 없다."³ 이것이
새마을운동을 시작하면서 그리고 새마을운동 기간 중 계속해서 대
통령을 통해 전달된 대농민 메시지였다.

새마을운동의 첫해인 1970년에 정부는 전국의 3만 4,000여 개의
마을에 200 내지 300포대씩의 시멘트와 약간의 철근과 아주 일부
의 경우 소액의 현금을 마을 규모에 따라 적절히 지원했다. 그 다음
해에 그 성과를 평가한 결과 1만 6,000개의 마을은 100퍼센트의 성
과를 달성했지만, 절반이 넘는 나머지 1만 8,000개의 마을은 제대로
하지 않았다. 당시 정부의 공개 및 비공개 암행감사에 의하면 많은
마을들이 시멘트 포대를 야적해 놓고 비가 내려도 덮지 않은 채 방
기한 경우가 많았다고 한다. 다음해 성과가 좋지 않은 1만 8,000개
의 마을에는 전혀 지원하지 않았고 과반수가 안 되는 성과가 좋았던
1만 6,000개의 마을에만 시멘트의 양을 100~200포대 정도씩 늘리
는 동시에 현금도 더 지원했다.

김정렴 당시 청와대 비서실장이 전해주는 이러한 차별적 지원을
결정하는 과정의 비화가 대단히 흥미롭다. 최초 국무회의 결정은 제
2차년도에도 무차별 지원하는 것이었으나 대통령이 차별지원을 고
집하여 공화당의 사무총장인 길전식 의원과 내무부장관이었던 김현
옥 장관이 대통령 설득에 나섰으나 실패했다고 한다. 그후 소위 공

화당의 실력자 5인방이 설득하였으나 박 대통령은 정권을 내주는 한이 있어도 차별지원을 하겠다고 해서 이러한 결정이 내려지게 되었다고 한다.[4]

그리고 2차년도를 시작하면서 정부에서는 앞으로 어떤 마을이든 자력으로 새마을운동에 참여해서 성과를 내지 않으면 지원하지 않는다는 방침을 시달한 것으로 알려지고 있다. 그러자 지원을 받지 못한 1만 8,000개 마을 중에서 6,000개의 마을이 자력으로 참여해서 100퍼센트 이상의 성과를 냈다. 그 다음에는 이 6,000개의 마을에 대해서도 지원했다.[5]

이렇게 해서 박 대통령은 전국 마을을 참여도가 가장 낮은 기초마을, 이보다 좀 더 열심인 자조마을, 그리고 가장 성과가 높은 자립마을로 구분하고 물자지원을 기초마을은 제외하고 자조마을과 자립마을에만 배분하게 하였다. 경제적 차별화 원리에 기초한 새마을운동의 필요성에 대한 박정희 대통령의 육성 지시 내용을 옮기면 다음과 같다.

작년에 전국 3만 2,000여 개 부락에 대하여 많은 금액은 아니었지만 농어민의 분발심(奮發心)을 일깨우기 위하여 지원을 해 본 결과 좋은 성과를 거둔 부락도 있었고 그렇지 못한 부락도 있었습니다. 이 경험을 살려 앞으로는 일률적인 지원 방식을 지양하고 우선 금년은 그 대상을 절반으로 줄여 1만 6,000여 부락에 대하여서만 지원을 하기로 하였습니다. 금년에는 작년에 성적이 나쁜 부락은 전부 낙제, 유급을 시키고 성적이 좋은 부락만 올려 이번 2차년도에 계속 지원을 하겠다는 것입니다. 금년 1만 6,000여 부락 중에서 잘하는 부락을 다시 가을쯤에 심사해서 우수한 부락에 대해서는 내년에 3학년생으로 진급을 시켜야겠습니다.

그리고 낙제한 부락 중에서 작년에는 성적이 나빴지만 그동안에 분발을 해서 단결이 잘 되고 한번 해보자는 의욕이 왕성한 부락은 다시 선정을 해서 내년에는 2학년생으로 진급을 시켜 금년에 지원한 정도로 지원해 줍니다. 거기서 또 성적이 나쁘면 낙제를 시키고 좋은 부락은 3학년생으로 진급을 시킵니다. 작년에 진급한 3학년생을 다시 심사하여 4학년생으로 진급시켜 대폭적으로 지원을 한다는 것이 새마을운동에 대한 정부지원의 기본방침입니다.

왜 그렇게 해야 되느냐 하는 이유는 간단합니다. 농어촌을 일률적으로 지원해 본 결과 기대한 만큼 성적을 거두지 못한 것이 사실입니다. 부지런하고 잘하는 부락은 우선적으로 도와주자 이웃하여 있는 부락이라도 한 부락은 상당한 수준으로 소득이 증대되고 부락환경이 개선되어 살기 좋은 마을이 되는가 하면, 다른 부락은 아주 뒤떨어진 마을

이 될 수도 있는 것입니다.

일은 하지 않고 노름이나 하고 술이나 마시고 게으른 그러한 퇴폐적
(頹廢的)인 농어촌을, 부지런히 일해서 잘살아 보겠다고 발버둥치는
그런 농어촌과 꼭 같이 지원해 준다는 것은 오히려 공평한 처사라 할
수 없습니다. 계속 성장한 부락은 조금만 더 지원해 주면 그 다음에는
정부에서 손을 떼어도 될 것입니다. 물론 뒤떨어진 부락들은 불평을
할 것입니다. 잘한 부락 사람들의 소리는 들리지 않고 게을러서 뒤떨
어진 부락의 불평 소리는 크게 들릴지 모릅니다. 그러나 그 불평에 귀
를 기울일 필요는 없습니다.[6]

우리는 여기서 이러한 "스스로 돕는 마을만 지원한다."는 정부의
차별적 지원정책이 새마을운동을 열화와 같이 전국적으로 퍼뜨리고
농촌사회에도 소위 "하면 된다."는 발전의 정신을 일으키는 데 기여
했다고 본다. 만일 두 번째 해에도 평등하게 똑같이 나누어 분배하
는 식으로 지원했다면 우리의 발전원리에 따르면 새마을운동은 성
공하지 못했을지도 모른다. 이러한 새마을운동의 성과는 새마을운
동 시작 후 5년 만인 1974년도에 농촌과 도시의 가구당 소득 수준이
같아졌다는 사실로부터도 쉽게 확인할 수 있는 것이다.

4장

역사 속에 사라진 새마을운동의
성공원리와 농업 구조조정의 지연

박정희 대통령은 새마을운동의 시작서부터 새마을운동이 순수 주민자치에 기초한 "잘살아보자."는 자발적 자조·자립운동이어야 한다고 강조하고 이 운동을 정치적으로 이용하려는 어떤 움직임도 철저히 차단하였다. 당시 야당이 이 운동을 정치운동이라 폄하하였으나 유신 이후 선거를 위해 이용할 필요도 없었을 뿐만 아니라 혹은 다른 정치적 목적으로 이용했다는 증거도 보이지 않는다. 이미 언급한 제2차년도 이후의 차별적 지원방식을 선택하는 과정이나 새마을공장에 대한 차별적 지원방식의 채택(제2부 제4장) 등이 바로 박정희 대통령이 새마을운동의 정치적 오염을 얼마나 경계하였는지 생생하게 증언하고 있다고 할 수 있을 것이다.

그러나 박정희 대통령 사후 5공화국 들어 새마을운동은 본래의 순수 목적을 벗어나 점차 정치화되기 시작하였다. 그동안 대통령이 직접 관리해 온 운동을 이제 소위 민간자율로 한다는 명분으로 1980년 12월 1일에 새마을운동중앙본부라는 조직을 만들고 같은 달 13일에 새마을운동조직육성법을 만들어 전국조직화하고, 심지어 정치 권력자가 회장을 맡으면서 본래의 새마을운동은 점점 정치운동화되어갔다.[7]

법을 만들어 법정단체가 되면 정치의 통제를 받게 됨은 불문가지이며 전국 조직이 되면 조직의 장에서부터 각 지역 조직의 장 등 온갖 감투가 만들어지고 그에 따른 기득권이 생기고, 자리다툼이 생기고, 여기에 정치적 입김이 들어오면 운동은 더 이상 순수성을 유지하기 어렵게 된다. 민간 주도가 가장 어려웠던 5공 시절에 명분은 민간 주도였어도 실상 정부의 정치적 영향력을 더 크게 받는 관변조직이 된 것이다.

운동의 목표도 의식개혁과 경제 환경개선 등의 순수 사회경제적 목적에서 다목적 사회운동으로 바뀌고, 법상 국고 및 지방비의 출연을 받고, 개인과 법인단체로부터 새마을 성금을 모금할 수 있게 하면서 자조보다는 정부의 예산 확보와 성금모금 등 외부 도움에 의존하고, 관변조직이 되어 중앙조직의 지휘 하에 획일적 사업집행이 시작됐다. 자발적 공동체 중심의 운동정신은 점점 사라져 갔다. 관변 조직이 정부로부터 예산지원을 받아 운영되면서 정경유착과 비리의 온상이 되기도 하고, 조직은 점차 비대화되고 운동은 점차 행사 위주로 가고 정치도구가 되었다는 평을 면치 못하게 되었다.

여기에서 무엇보다도 중요한 변화는 "좋은 성과를 지원한다."는 차별적 지원전략은 사라지고 "성과에 관계없이 꼭 같이, 혹은 낮은 성과를 지원한다."는 평등주의 지원정책이 일반화된 것이다. 운동의 성격이 바뀐 이유도 있겠으나 정부예산이나 성금으로 사업을 하면서부터 구성원들에게 동등하게 혜택이 가야 한다는 소위 공정한 배분원리가 강조되었으리라 생각된다. 이제 5공화국 이후 농어촌지원에 있어 성과에 따른 차별적 지원이라는 관치 차별화 정책은 정부정책 논의 어디에서도 찾아보기 어렵게 되었다. 그리고 새마을운동의 성공원리인 경제적 차별화 원리도 점차 역사 속에 잊혔음은 주지하는 바와 같다.

6공화국을 거치면서 정치민주화는 급속히 진전되었다. 그리고 WTO 가입 등 농업시장 개방이 가시화되면서 농업 구조조정 문제가 국가적 과제가 되고 커다란 정치이슈가 되었다. 김영삼 정부 이후 1백 수십 조 원의 농업 구조조정 자금이 구조조정 성과 여부에 관계없이 무차별적으로 배분·지원되었다. 특히 김대중 정부도 연이어

농어촌 부채를 탕감한다 하여 노력과 성과에 관계없이 획일적으로 부채에 대한 금리를 탕감하였다.

어쨌든 그동안 그리도 많은 자금을 투입해 왔는데도 농업 구조조정은 왜 지연되고, 아직도 쌀시장 개방문제는 풀리지 않는 난제가 되고 있는가? 그동안 떠들어 온 구조조정은 탁상공론에 그친 것이 아닌가? 성공한 박정희 대통령의 새마을운동과 지난 20여 년간 진행된 농업 구조조정 정책을 비교해 보라. 투입된 그 엄청난 자금의 차이를 상상해 보라. 그리고 이루어 낸 성과의 차이를 한 번 상상해 보라. 도대체 어디에 문제가 있는 것인가?

답은 간단하다. 박 대통령의 새마을운동은 변화를 이끌어 내는 차별화 전략을 쓴 반면, 그동안의 구조조정 정책은 변화의 동기를 차단하는 반차별화, 평등주의 지원정책을 썼기 때문인 것이다. 성과를 무시하는 획일적·무차별적 지원이나 금리탕감정책은 오히려 나쁜 성과를 내거나 빚이 많은 농민들을 더 우대하고 좋은 성과를 내거나 빚이 없거나 적은 농민들은 역차별하는 정책임을 명심해야 한다. 지난 20여 년간 농업 구조조정 정책은 구조조정에 적극적이고 변화를 만들어 내는 농민을 우대하기보다 역으로 구조조정을 하지 않는 농민들을 더 우대함으로써 농민들의 성장과 발전의 동기와 인센티브를 죽이는 구조조정에 역행하는 방식으로 진행된 것이다.

    결론적으로 지난 20여 년 동안의 구조조정 성과의 미흡은 바로 박
정희 대통령의 성공원리인 '신상필벌의 원칙에 따른 경제적 차별화
정책'을 포기했기 때문이다. 물론 여기에는 민주화 이후 표를 의식
한 정치권이 정치적 고려 때문에 경제정책을 정치적으로 오염시킨
것에도 큰 원인이 있으나 결국 모든 것은 정치 리더십의 책임이라
해야 할 것이다.

5장

경제발전 이론과 정책의 관점에서 본
새마을운동의 의의

새마을운동은 한국의 개발연대 성공한 경제발전정책들의 진수를 고스란히 담고 있는 표본적 사례이다. 그런 의미에서 새마을 운동의 성공경험은 경제발전의 이론과 정책 측면에서 대단히 중요한 의의를 갖는다. 제2부에서의 논의와 중복의 위험이 없지 않지만 새마을 운동의 중요성에 비추어 몇 가지 핵심적인 의의를 정리하고자 한다.

우선 새마을 운동은 수출진흥이나 산업육성정책 등에 비해 단순하면서도 가장 명료하게 정부에 의한 경제적 차별화정책을 가장 웅변적으로 실천한 사례이다. 자조하는 마을만 지원하는, 좋은 성과를 우대하고 나쁜 성과를 벌한다는 신상필벌의 원칙이 가장 철저히 실천된 사례이다. 이 과정에서 정치권의 평등지원요구를 끝까지 막아

낸 박정희 대통령의 "정치의 경제화와 경제적 차별화 리더십"이 다른 어떤 정책에 있어서 보다도 가장 돋보였다. 바로 이점이 해외 저개발국은 물론 성장둔화에 직면한 선진국 지도자들이 한국의 새마을 운동에서 배워야할 가장 중요한 교훈이라 해야 할 것이다.

둘째로 새마을 운동은 사회정책이 경제성장 및 발전정책으로 전환될 수 있음을 보여준 획기적인 사례이다. 오늘날 세계 많은 나라들은 정부의 대국민지원정책의 지속가능성 결여로 어려움을 겪고 있다. 복지정책이나 사회정책이 방만해져 정부의 재정에 심각한 압박이 되고 있어 이들 정책의 지속가능성이 위협받고 있다. 경제학은 경제정책과 사회정책을 서로 다른 각도에서 접근한다. 경제정책은 지원에 대한 성과를 중시해야 하지만 사회정책은 성과보다 지원을 필요로 하는 사람들에게 소득을 보전한다는 목적이 더 중요하다고 본다. 이런 관점에서 접근하면 사실상 사회정책은 그 자체로서는 지속가능하기가 어렵게 된다. 사회정책 자체만으로써는 필요 재원을 충당할 방법이 없기 때문이다. 사실상 이것이 오늘날 세계 거의 모든 나라들의 사회정책이 안고 있는 문제이다. 그런데 한국의 새마을운동은 사회(개혁)정책으로 시작했으나 결과적으로 농촌의 발전을 유도하고 경제발전에 기여함으로써, 사회정책이 경제발전정책 기능까지 수행하게 되었다. 그 결과 의식개혁과 동시에 소득증대를 이뤄 궁극적으로 정부의 재정 부담까지 완화시킴으로써 사회정책의 지속가능성을 높인 획기적인 사례라 할 수 있다. 다시 말해 새마을운동은 사회개혁과 경제발전이라는 일석이조의 결과를 달성한 것이다.

물론 이는 "좋은 성과는 지원하고 나쁜 성과는 지원하지 않는다."는, 다른 말로 "자조하는 마을은 지원하고 자조하지 않는 마을은 지원하지 않는다."는 신상필벌의 차별화원리를 엄격히 실천함으로써 사회정책이 경제발전정책으로 전환될 수 있었기 때문이다. 이 사례야말로 사회정책에 성과에 따른 차별적 지원전략을 적용한다면 사회정책도 경제발전정책으로 전환될 수 있다는 교훈의 결정판이라 할 수 있을 것이다. 이 점은 향후 세계 많은 나라들의 실패하는 사회, 복지정책 개혁에 좋은 참고가 될 수 있으리라 생각된다.

셋째로, 새마을운동은 문화, 이념, 전통을 발전 친화적으로 바꾸는 원리를 담고 있다. 경제발전은 발전 친화적 이념인 '자조정신'에서 시작된다. 새마을운동은 희망이 없던 한국의 농촌을 십 수 년만에 천지개벽하듯 자조정신으로 가득 찬 사회로 바꾸어 놓았다. 어떻게 이것이 가능했는가? 자조하는 사람을 우대하는 제도와 정책, 즉 경기규칙을 만들고 이를 엄정히 집행했기 때문에 가능했다. 경기규칙은 그 사회의 인센티브구조로 작용한다. 따라서 자조하는 사람에게 유리한 인센티브정책을 엄정히 그리고 꾸준히 집행하여 사람들이 자조정신과 그에 따른 행동에 익숙해져야 자연스런 변화를 이룰 수 있게 된다. 캠페인이나 교육만으로 되는 것이 아니다. 강제로 한다고 되는 것도 아니다. 일시적인 강제는 형식은 바꾸지만 내용을 바꾸는 데는 한계가 있다. 그런데 오늘날 한국사회를 자조하는 사회라 할 수 있는가? 필자는 이 사회가 또 다시 정부 탓, 사회 탓, 남 탓하는 반자조사회(反自助社會)로 변질되어가고 있다고 생각한다. 왜 이렇게 되었을까? 바로 이 사회의 법제도와 정책, 즉 경기규칙과 그에 따른 인센티브구조가 그동안 반자조적인 사람과 행동을 용인, 우대하는 사회로 바뀌었기 때문이다. 정치민주화 이후 새마을운동이나 농업지원 정책이 차별화전략을 버리고 "나쁜 성과를 용인, 우대하는"전략을 선택했다는 사실을 상기한다면 변화의 원인을 쉽게 이해할 수 있을 것이다. 자조하는 사회를 원한다면 자조하는 사람을 우대하는 제도를 만들고 지속해서 집행해야만 성공할 수 있다. 이것이 바로 새마을운동의 교훈이다.

마지막으로 새마을운동은 앞에서 언급한 '경제의 시장화(市場化)운동'의 결정판이었다. 과거의 문화, 이념과 전통 등 타성에 젖어 하늘만 쳐다 보고 빈곤을 운명으로 여기며 살아온 한국의 농경사회를 신상필벌의 차별적 지원이라는 죽비(竹篦)로 잠을 깨운 전대미문의 사건이다. 요즘 북한에 장마당이 생기면서 많은 학자, 지식인들이 북한이 시장경제로 전환되고 있다고 반색을 하고 있다. 그러나 지구상에 장마당이 생긴 지는 적어도 수천 년은 될 것이다. 그런데도 자본주의 산업혁명의 역사는 200여년에 불과하다. 오늘날 후진국들이 장마당이 없어서 산업화가 안 되는 것도 아니다. 주류경제학의 시장경제모델은 장마당이라는 단순교환의 자유방임경제에서 산업혁명이 저절로 일어나리라고 생각한다. 그러나 새로운 삼위일체 발전론은 그런 시장만으로는 산업혁명이 어렵다고 주장한다. 산업혁명은 정부가 차별화전략을 통해 부의 창출을 향한 인센티브를 증폭시켜 시장경쟁을 활성화하고 기업을 일으켜 잠자는 교환경제를 깨워내야 가능해진다고 주장했다.

새마을운동은 바로 한국경제의 도약을 이끈 시장화운동의 전형이었다. 시장의 차별화기능에 대해 무지하던 농촌에 시장의 차별화기능에 따라 새마을운동경기규칙을 만들고 참여하도록 유인하여, 누구도 의식하지 못하는 사이에, 전 국민들을 성공을 향한 시장경쟁의 소용돌이 속에서 너도 나도 시장화경쟁에 나서게 만들어 낸 것이 바로 새마을운동의 진면목이라 할 수 있을 것이다. 새마을운동으로 경쟁이 촉진되고 성과가 향상되었다. 이렇게 하여 시장의 차별화 기능은 저절로 우리 모두의 의식 속에 각인되면서 경제의 시장화가 급속도로 진전되어 한국경제의 전대미문의 도약의 배경으로 작용하였다.

1. 19세기 중반 영국의 작가, 사회개혁자인 새뮤얼 스마일즈는 1859년 『자조론』을 집필하고 영국, 미국 등에 자조정신의 중요성을 설파하여 대대적 반향을 일으켰다. 스마일즈(2006) 참조.

2. 앞의 제2부 제3장 참조.

3. 김정렴(1997), p.257에서 재인용함.

4. 이 문단의 내용은 저자가 김정렴 전 비서실장과의 개인적 대담에서 확인한 것임.

5. 이상의 새마을운동 실적자료는 김정렴(1990), pp.189~190에서 인용함.

6. 조갑제 외(2003), p.274에서 재인용함. 이 지시문 중 전국 3만 2,000개 마을은 3만 4,000개 마을의 잘못된 인용이 아닌가 싶다.

7. 초대 중앙회회장은 김신 씨가 맡았고 1985년께는 4대 회장에 당시 전두환 대통령의 동생인 전경환 씨가 취임하였다.

박정희
동반성장의 경제학

'기업부국', '정치의 경제화' 그리고
'경제적 차별화' 패러다임을 살려 내야

이제 마지막으로 박정희의 살아 있는 교훈을 오늘날 한국과 세계경제가 부딪치고 있는 장기 저성장과 양극화 문제를 푸는 데 어떻게 적용할 수 있는지 살펴볼 차례이다. 이 문제를 풀기 위해서는 박정희 패러다임의 다음의 세 가지 구성요소를 이해하고 실천해야 한다고 생각한다. 1) 문명사적으로 본 박정희의 '자본주의 기업부국' 패러다임을 실천하고, 2) 경제발전 전략으로서 경제적 차별화 전략을 실천하고, 3) 경제적 차별화를 가능케 하는 정치적 환경을 만들기 위한 정치의 경제화 전략에 성공해야 한다. 이 세 가지 요소가 충족되다면 오늘날 세계경제가 부딪치고 있고, 경제학이 해결책을 찾지 못하고 있는, 어려운 경제문제인 '장기 저성장과 경제 양극화' 문제를 해결할 수 있으리라고 생각한다.

우선, 자본주의 기업부국을 실현하기 위해서는 자본주의 경제발전의 견인차인 유한책임주식회사인 기업의 중요성을 새롭게 되새겨야 할 것이다. 이러한 사회적 기술이 없이 자본주의 산업사회는 가능하지 않기 때문이다. 그동안 기업이 자본주의 경제 모순의 핵심인 양 가르쳐 온 칼 마르크스적 반기업주의적 이념에서 탈피하지 않고는 안정적인 성장추세를 회복하기는 어려울 것이다.

이와 관련하여 기업과 노조의 관계를 적대적 착취관계에서 복잡계의 시너지 창출 파트너 관계로 새롭게 정립하는 것도 선결조건이다. 기업제도, 기업지배구조, 법인세 등 기업 활동과 관련된 제도들이 기업의 본질과 기능에 비춰 적절한지 재검토하는 노력도 필요하다. 기업은 본질적으로 시장과 다르다. 기업은 수직적 명령조직으로 민주화의 대상이 아니며, 기업의 내부거래는 시장보다 불투명할 수밖에 없다는 본질을 이해하는 것이 필요하다.

기업이 삶의 터전으로서 농토를 대체하는 장치임을 재인식하고 그 일자리 창출기능을 극대화할 수 있는 방안을 마련하여, 기업이 자본주의 복지 시스템의 핵심기능을 할 수 있도록 해야 한다. 일자리 창출을 통한 기업의 복지기능만이 지속가능하며 정부에 의한 재분배 복지는 본질적으로 지속가능하지 못함을 인정해야 한다.

다음으로 경제적 차별화 전략이 필수적이다. 기업의 역량을 강화하기 위해서는 시장에 의한 경제적 차별화는 물론 정부에 의한 관치 차별화도 필수불가결한 조건이다. 정부는 민간부문을 지원함에 있어 항상 '나쁜 성과보다 좋은 성과를 우대하는 신상필벌의 지원 정책'을 고수해야 한다. 이것이 민간부문의 경쟁을 촉진하고 기업과 개인들의 성장 동기를 북돋아 경제전체의 성장과 발전 역량을 높이는 길이 될 것이다.

성장하는 기업들이 전체 경제성장을 이끌고 나아가 일자리창출을 통해 중산층을 확대함으로써, 장기 성장정체에서 탈출하는 동시에 동반성장도 이끌어 낼 것이다. 경제적 차별화 정책은 같지는 않지만 모두 발전하는 자본주의 동반성장 메커니즘을 활성화시킬 것이다. 그래서 역설적이게도 차이와 차등, 불평등의 압력을 통한 동기부여가 오히려 동반성장을 가져올 것이다. 물론 이를 포기하는 평등의 추구는 역으로 저성장과 모두 가난해지는 양극화를 초래하게 될 것이다.

마지막으로 이 모든 일을 원활히 하기 위한 정치와 정치 리더십의 역할이 중요하다. 경제적으로 다른 것을 다르다고 할 수 있는 정치 리더십이 필요하다. 민주정치의 포퓰리즘화 속성을 간파하고 이를 차단하는 리더십이 필요하다. 정치를 경제화할 수 있는 설득력 있는 정치 리더가 없이 기업부국과 경제적 차별화 전략의 실천은 가능하지 않을 것이기 때문이다. 그래서 정치의 경제화는 장기 정체와 양극화 문제를 풀어내는 절대적인 선결조건이다.

이것이 바로 오늘날 박정희가 살아 있는 경제학으로서 세계 70억 인류에 던지는 동반성장의 메시지라 할 수 있다.

한국경제의 동반성장 회복방안

동반성장 문제를 보는 시각을 바로잡아야 한다.

헌법에 따르면 대한민국은 더 이상 자유시장경제를 지향하는 나라가 아니다. 우리나라 헌법 119조 2항은 이미 사회민주주의를 선언하고 있다. 이 조항은 국가가 경제를 민주화하기 위해 시장에 개입·규제할 수 있다고 규정했다. 각종 평등주의 성향의 정책이나 비전이 쏟아져 나와 인기와 표를 구하고 있다. 경제 선진국이 되기 위해서는 하루빨리 시장의 차별화와 동기부여 기능에 역행하는 이런 발전 역행적인 정책들을 타파하지 않으면 안 될 것이다.

시장이 경제적 차별화 기능을 수행한다면 자본주의 경제 체제는 결국 불평등만을 가져온다는 것인가? 이는 대단히 중요한 질문이다. 자본주의 생산체제가 정착된 이래 자본주의를 불평등과 동일시하는 이념이 주류를 이루었다. 자본주의 체제는 결국 무너진다는 마르크스의 주장도 이런 이유로 나타났다. 오늘날 자본주의 경제에서의 경제정책들도 정도의 차이는 있지만 이와 같은 시각을 바탕으로 하고 있다. 더구나 불평등은 모순이며 같이 갈 수 없다는 생각이 끝없이 사회주의적인 정책의 온상이 되고 있다. 이게 자본주의 사회를 보는 옳은 세계관인가?

이에 대한 답은 이미 앞에서 주장한 대로 "아니다."이다. 오히려 자본주의 경제는 동반성장을 그 기본 메커니즘으로 하는 경제체제이다. 경제적 차등을 바탕으로 모두에게 동기를 부여하여 뒤따르는 자들이 앞선 자를 무임승차하여 모두 발전하도록 유도하는 시스템이라 보는 것이 옳다고 생각한다. 전(前)자본주의 시대, 모두 기아선상에서 허덕이던 때나 공산주의 체제에서의 평등 속의 빈곤을 자본주의 체제의 '차등속의 동반성장'과 비교해 보는 지혜가 필요하다.

그럼 오늘날 소위 양극화는 어떻게 이해해야 하나? 양극화라는 용어 자체는 차등이나 불평등 현상을 극단적 시각으로 표현하고 있어 시장의 자연스러운 현상에 과도하게 부정적인 인상을 초래하는 문제가 있다. 부익부 빈익빈 이라는 표현 또한 그러하다.

우리는 시장은 차등은 만들어 내지만 모두를 향상시키는 기제(機制)라고 본다. 이 기제는 바로 앞서가는 자들의 성공 노하우라는 문화유전자가 더 많은 사람들에게 무단복제(무임승차)되어 물 흐르듯 퍼져 나가는 낙수 효과(落水效果, Trickling-down effect)를 통해 작동된다. 따라서 이 과정에 문제가 생기면 그 사회는 필요 이상의 차등(소위 양극화)이 생기게 된다. 이 문제의 원인은 대체로 3가지로 생각해 볼 수 있다. 우선은 낙수의 원천인 댐이 고갈되어 하류마저 고갈되는 경우처럼 성공하는 이웃이 아예 양산되지 않는 경우이다. 둘째는 댐에 수량은 있으나 수문이 닫히거나 수로에 누수가 심해 하류가 고갈되는 것처럼 성공 노하우의 낙수과정에 문제가 발생하는 경우이다. 셋째는 댐에 수량도 많고 수문도 열려 하류에 수량은 넘쳐 흐르나 물을 이용할 생각이 없어서 이를 적극 활용하고자 하는 국민들의 자조의지가 빈약한 경우이다. 이들을 일컬어 낙수차단 효과라 부를 수 있다.

첫번째 문제는 대개 정부의 대기업 규제, 부자에 대한 과도한 세금, 수도권에 대한 규제, 기업이나 부자에 대한 반정서, 과도한 전투적 노조활동 등으로 기업의 투자와 성장을 막고 부자들의 지출을 막고 도시의 성장을 막는 결과를 초래함으로써 원천적으로 경제성장의 유인을 죽이고 나아가 일자리 창출을 어렵게 하는 경우이다. 예컨대 기업이나 도시의 성장이 없는 농경사회나 사회주의 경제에서 낙수효과를 기대할 수 없는 것과 같은 이치이다.

두 번째 문제는 예컨대 수출제조대기업들이 수출성과는 좋고 투자여력은 있으나 이들의 국내투자에 대한 각종의 규제나 반정서 때문에 기업투자가 해외로 빠져나가는 경우로 수출수익이 국내투자를 통한 내수, 중소기업, 일자리 창출로의 낙수가 안 되는 경우이다. 또한 중소기업을 위한다고 인위적으로 대기업의 성장을 규제하는 것처럼 궁극적으로 자본재와 부품공급 중소기업에 대한 수요를 억제하고 나아가 대기업과 중소기업 간의 적대감과 증오감을 조장하여 자연스런 협력에 오히려 거래비용을 높이는 정책도 낙수에 장애가 된다. 이 경우는 말로는 동반성장을 위한다고 하지만 사실은 역효과를 가져온다.

세 번째의 문제는 획일적 중소기업 육성정책이나 사회복지정책으로 중소기업들이나 국민들이 도덕적 해이에 빠져 자조가 아니라 국가 의타적인 이념에 빠져 있는 경우이다. 흐르는 물을 손수 떠 마시기보다 정부가 떠 주기를 바라는 것처럼 아무도 노력할 생각은 없이 정부가 해주기만을 요구, 기대한다.

오늘날 한국의 소위 양극화문제는 대기업과 같이 투자할 능력이 있는 가진 자의 투자는 막고, 중소기업과 같이 투자할 능력이 없는 자의 투자를 촉진시켜야 균형되고 평등한 경제가 된다고 "좋은 성과보다도 나쁜 성과를 우대하는" 정부의 잘못된 평등주의정책 때문에 생기는 낙수차단효과에 기인하는 것으로, 자본주의의 본질 문제라기보다 민주주의 발(發) 인재(人災)라고 생각한다. 해결책은 물론 모든 경제주체들에게 법 앞에 평등한 자유로운 경제활동을 보장하고 열심히 노력하는 경제주체들이 대접받는 경제적 차별화원리에 친화적인 정책과 사회분위기와 제도를 만들어 내어야 한다. 흥하는 이웃들이 보다 많이 등장할 수 있는 경기규칙을 만들어내어야 한다.

한국 경제의 동반성장 경험과 오늘날 양극화의 원인

한국의 개발연대, 특히 1960년대 이후 1980년대 말까지의 한국의 경제성장은 성장과 분배를 동시에 개선시킨 가장 모범적인 자본주의 동반성장 경험이다(World Bank, 1993). 어떻게 이것이 가능하였을까? 수출주도 성장으로 성장하는 수출기업들이 수출의 과실을 국내 투자로 환원시킴으로써 수출이 국내 내수부문과 고용을 늘리는 선순환구조가 정착되었기 때문에 가능했던 결과이다. 당시의 한국기업들은 정부의 적극적인 독려 하에 내수투자를 늘릴 수 있었다. 당시에는 노조를 지나치게 억압한 문제가 있었지만 1990년대 이후와 같은 세계적으로 유명한 전투적 노조는 없었다.

당시에는 수출을 많이 하여 대기업이 되는 것이 더 많은 투자를 할 수 있는 이점이 되었으며 경제력집중규제(1980년대 중반 이후 지속적 강화)라는 이름으로 대기업들의 국내투자를 규제하는 일은 없었다. 또한 당시에는 대기업이기 때문에 수도권에 투자하는 것을 막는 수도권대기업투자규제정책(1982년부터 시작)도 없었다. 대기업들이 수출과실을 국내에 환원하는 데 큰 제약이 없었다. 수출종합상사들이 수출을 늘리는 일은 중소기업들과의 연대 없이는 가능하지 않았다. 대기업 수출이 바로 중소기업들의 성장과 국내 일자리 창출, 내수 활성화로 이어졌다.

오늘날 그럼 왜 소득분배는 악화되고 양극화라는 말이 유행할 정도로 동반성장이 안 되고 있는가? 우리나라의 소득분배에 대한 많은 연구에 의하면 1990년 이후 소득불평등도를 측정하는 지니계수는 계속 증가하여 소득분배가 악화되는 것으로 나타나고 있다.

이미 제2부에서 지적한 대로 1980년대 말 이후 우리나라는 경제, 사회, 지역의 균형발전을 추구하고 소득분배 개선을 위해 소위 경제민주화를 추구했음에도 왜 이런 결과가 나타난 것인가?

근로자를 위한다는 전투적 노조방치문제, 중소기업을 위한다는 대기업 투자규제문제, 지방을 위한다는 수도권규제문제, 대기업들의 문어발을 규제한다고 하지만 오히려 중소기업들과의 협력(자본제휴 등)을 어렵게 만드는 문제(130퍼센트 이상 지분 보유 시 계열사로 편입) 등 경제적 약자를 더 우대한다는 정책들이 역설적으로 투자할 능력이 있는 수출제조대기업들의 해외투자를 과도하게 조장함으로써 결국은 좋은 일자리를 해외에 팔고 소위 비전 높은 청년들이 기피하는 중소기업 일자리만 양산하는 결과를 초래하고 있는 것이다. 수출주도 성장에 의존하는 우리의 경우 수출증대 정책은 이론적으로 내수 위축을 초래하기 마련인데, 여기에다 수출수익의 국내투자 환원이 억제되면서 내수가 이중으로 위축되는 상황이 20여 년 넘게 지속되어 내외수 양극화를 심화시켜 온 것이다.

대기업들은 해외로 떠나고 99퍼센트 이상이 중소기업인 한국경제, 중소기업이 성장보다 중소기업으로 남아 있음이 더 유리한 인센티브구조를 만들어내는 한국경제가 양극화 문제에 봉착하게 됨은 너무나 당연한 경제적 결과이다. 성장하는 기업이 아니라 작은 기업이 우대받는 경제에서 좋은 일자리와 동반성장을 기대하는 것은 연목구어나 다름없다.

동반성장회복을 위한 방안:
기업 부국을 위한 기업정책의 새 패러다임

이렇게 보면 동반성장의 해법은 어렵지 않다. 투자할 능력이 있는 기업에 대한 국내투자 규제를 과감히 풀고, 노조의 전투성을 완화시키고, 수도권 규제를 풀고, 나아가 기업의 성과와는 관계없이 규모와 사업 분야, 입지에 따른 정치적 목적의 규제를 다 걷어 내 모든 기업들과 이들의 투자가 법 앞에 평등한 대접을 받는 세상을 만들어내는 것이 해법일 수밖에 없다.

일자리를 창출할 수 있는 투자할 능력이 있는 기업들의 국내투자를 늘릴 방안을 정부와 기업이 머리를 맞대고 고민해야 한다. 그러나 이런 주장이 한국사회에서 받아들여지기는, 특히 정치적으로 어렵다. 투자할 능력이 있는 기업들이 투자할 수 있도록 도와야 한다는 소릴 할 수 있는 정치인이 몇 사람이나 있을까? 그러나 이 방법밖에 다른 해법은 없어 보인다. 국민들도 이제 선택해야 할 때가 되었다. 일자리와 양극화해소를 위해 대기업들을 국내로 들어오도록 '대기업규제, 수도권규제' 등 평등, 균형, 도덕과 명분을 내세운 정치색 짙은 소위 경제민주화 정책들을 폐기할 것인지 아니면 지금의 정책들을 지속 강화하여 모두 어려워지는 오늘날의 선진국 사회민주주의의 길을 계속 따라 갈 것인지를 말이다. 우리가 경제적 차등과 차이가 싫다고 해서 정부로 하여금 시장의 경제차별화기능을 무력화시키거나, 그에 역행하는 평등주의정책들을 만들어내게 하면 당장은 속이 편해질지 모르지만 결국 모두가 경제적으로 하향 평준화되는 실패하는 길을 재촉하게 된다.

　동반성장을 위해서는 무엇보다도 국내 대기업 및 중소기업정책에 대한 획기적인 패러다임전환이 필요하다. 그 동안 국내 일부 학계나 정치권은 "투자할 능력이 있는 (대)기업들의 투자를 억제하여야 중소기업이 살아나고 일자리가 늘어난다."는 궤변으로 대기업 투자규제를 정당화해왔다. 이들 궤변의 배경논리는 대기업에의 경제력집중 폐해를 막아야 한다는 논리인데 이 문제는 문어발 투자규제가 아니라 정반대로 투자자유화를 통한 대기업간의 상호 경쟁촉진으로 경제력 남용의 유인을 차단함으로써 충분히 해결할 수 있다. 그 동안의 문어발 투자규제는 ① 실제로 경제력 집중을 억제하는 데 실패했을 뿐만 아니라 ② 보다 심각하게 대기업들 각자의 기존 사업 분야 독점력을 강화시켜 주고 기업의 성장유인을 차단하여 전체 경제의 저성장을 초래함으로써 낙수효과의 원천인 저수량(貯水量) 자체를 고갈시켜 왔을 뿐만 아니라 ③ 동시에 과도한 해외투자를 조장함으로써 그나마 없는 저수량의 누수(漏水)를 방치해 왔다. 여기서 낙수효과를 기대한다는 것은 연목구어에 다름아니다.

한국은 그 동안 학계도, 정치계도, 일반인도 모두 경제력이 있는 대기업들은 항상 그 경제력을 남용할 것이므로 경제력을 키우는 투자 자체를 규제해야 한다고 생각해 왔으나 사실, 올바른 경제학은 경제력이 있음과 그 힘을 행사하려는 유인은 전혀 다르다고 가르친다. 돈이 많다고 돈을 다 허공에 뿌리지는 않으며, 단지 돈을 허공에 뿌리는 것이 이익이 될 때만 그렇게 하리라는 것이다. 즉 경제력이 있다고 다 남용하는 것이 아니라 남용이 이익이 될 때 만 그렇게 한다는 것이다.

경제력 남용의 유인은 경쟁자가 없을수록 커지는 법이다. 내가 가격을 올리고 부실제품을 내놓아도, 골목상권을 기웃거리고 중소기업을 '착취'하고 부실한 2~3세를 내세워 부실경영을 해도, 치고 들어올 경쟁자가 없으면 문제가 없기 때문이다. 그동안 대기업 문어발 투자규제는 기업 간 상호진입을 차단함으로써 바로 대기업들을 기존 자기 분야의 독점자로 만들어 경제력을 남용할 유인은 키워주는 대신에 경제성장과 발전에 필요한 기업성장의 유인은 차단함으로써, 대기업 부문의 소위 불건전하다는 경영행태를 야기함은 물론 나아가 한국경제 저성장과 양극화문제의 근본원인을 제공해온 셈이다. 여기서 주의해야 할 점은 대기업정책의 근본목적은 대기업의 경제력 남용의 유인을 차단하는 데 있는 것이지 대기업의 투자활동을 규제하여 기업의 성장유인을 차단하고 나아가 경제 전체의 저성장과 양극화를 초래하는 데 있지 않다는 점이다. 새로운 기업정책 패러다임으로서 대기업투자의 전면 자유화정책은 모든 대기업들을 실제 및 잠재 경쟁에 내몰아 성장의 유인을 극대화함으로써 대기업 투자가 증가하면서, 내·외수 동반성장, 일자리 창출, 중소기업 수요기반 강화 등을 통해 양극화 문제를 완화할 수 있을 뿐만 아니라 경쟁압력을 높임으로써 대기업들의 독점경제력 약화는 물론 경제력 남용의 유인을 원천적으로 약화시키게 될 것이다.

나아가 대기업 부문의 경쟁을 강화하기 위해서는 중소기업의 대기업으로의 성장을 촉진하는 것도 시급하다. 박정희 시대가 성과중심의 중소기업육성정책을 통해 대기업을 육성해낸 성공 노하우를 살려내어, 지금의 획일적 평등주의적 중소기업지원정책을 성과 있는 중소기업을 지원·육성하는 정책으로 전환하여 더 많은 대기업을 길러내어 기존의 대기업들을 압박할 수 있도록 해야 한다. 중견기업의 성장발목을 잡고 있는 좀비 중소기업들도 하루 빨리 구조조정하여 기업성장의 신화를 다시 살려내야 한다. 물론 이상의 대기업 상호간의 경쟁촉진과 중견기업들의 대기업으로의 성장육성 정책마저도 충분치 않다면, 국내내수 부문에 세계 유수의 기업들이 언제라도 진입할 수 있도록 길을 열어놓는 적극적인 개방정책을 씀으로써 잠재적 경쟁압력을 높게 유지할 필요가 있을 것이다.

물론 이러한 재벌 대기업 부문에의 실제 및 잠재 경쟁압력을 강화하는 정책이 만병통치약일 수는 없다. 시장은 항상 불완전한 장치이기 때문이며, 그래서 공정거래 당국의 역할이 필요한 것이기도 하다. 그러나 이 정책만이 적어도 자본주의 경제에서 동반성장의 선순환구조와 적하효과를 살려냄과 동시에 완벽하지는 않지만, 경제력 집중의 폐해에 대한 그동안의 대증요법을 탈피한 원인치유 대책이 될 수 있다고 생각한다.

이렇게 하여 경제 내의 모든 기업 부문에 경쟁이 가득해지고 성장의 유인이 극대화되어 세계일류 경쟁력 있는 대기업은 물론 중소·중견기업, 창업기업들이 창궐하는 경제를 만들어내면 오늘날 우리가 부딪치고 있는 많은 경제문제를 풀어낼 수 있을 것이다. 따라서 대기업의 경제력 집중을 막는다고 대기업 고사정책을 쓸 것이 아니라 오히려 한국경제에 더 많은 대기업들, 예컨대 삼성그룹 수준의 대기업들이 10개, 20개씩 줄을 지어 나올 수 있게 성장의 유인을 극대화해 나간다면 대한민국경제가 다시 한 번 박정희 시대의 세계최고의 동반성장의 신화를 재현해낼 수 있을 것이라는 것이 살아있는 박정희 경제학의 교훈인 것이다.

이와 같이, 한국경제의 동반성장도 결국은 기업부국 패러다임을 살려내고 정치를 경제화하여 엄격한 경제차별화 원리가 경제 내 어디든 일상적으로 실천되도록 하여야 가능해질 것이다. 투자할 능력이 있는 수출대기업들이 내수투자를 확대할 수 있도록 여건을 개선하여, 국내일자리가 넘쳐나게 하여야, 내·외수, 대기업·중소기업, 제조업·서비스업 등 온갖 양극화문제가 순리에 따라 풀릴 수 있을 것이다.

참고문헌

그레고리 클라크, 이은주 옮김, 『맬서스, 산업혁명, 그리고 이해할 수 없는 신세계』, 한 즈미디어, 2009; Gregory Clark, *A Farewell to Alms: A Brief Economic History of the World*, Princeton University Press, 2007.

김군수 외, 「기로에 선 동아시아 경제」, 『이슈&진단』 No. 132, 경기개발연구원, 2014년 2 월호.

김정렴, 『한국경제정책 30년사』, 중앙일보사, 1990.

_____, 『아 박정희, 김정렴 정치회고록』, 중앙 M&B, 1997.

매트 리들리, 신좌섭 옮김, 『이타적 유전자』, 사이언스북스, 2001; Matt Ridley, *The origins of virtue*, Penguin Books, 1996.

새무얼 스마일즈, 김유신 옮김, 『자조론』, 21세기북스, 2006.

오원철 『한국형 경제건설』 전 5권, 기아경제연구소, 1995

_____, 『박정희는 어떻게 경제강국 만들었나』, 동서문화사, 2006

이영훈, 『대한민국 이야기』, 기파랑, 2007.

조갑제·김은중, 「위대한 CEO 박정희의 특명」, 『월간조선』 2003년 7월호, 242~277쪽.

조우석, 『박정희, 한국의 탄생』, 살림, 2014.

좌승희, 『신국부론』, 굿인포메이션, 2006.

_____, 『발전경제학의 새 패러다임-진화를 넘어 차별화로』, 율곡, 2008.

_____, 『경제발전의 철학적 기초』, 서울대 출판문화원, 2012.

_____, 「세계경제위기의 진실, 자본주의의 문제인가?」, 『시대정신』 57호, 2012년 겨울 호, 2012a.

_____,「박정희 대통령의 성공원리는 정치의 경제화」,『회보 박정희』40호, 2014.

_____,「새마을운동의 성공원리와 발전경제학적 함의」,『새마을운동과 지역사회개발연구』10호, 경운대 새마을아카데미, 2014.

_____,「기업정책 패러다임 전환과 경제선진화」(제도경제논단),『제도와 경제』제9권 제1호, 한국제도경제학회, 2015년 2월호. 157~172쪽.

좌승희·이태규,『한국영화산업 구조변화와 영화산업정책-수직적 결합을 중심으로』, 한국경제연구원, 2006.

한국경제60년사발간위원회,『한국경제 60년사』제1권, 2010.

Beinhocker, Eric, *The Origin of Wealth-Evolution, Complexity, and the Radical Remaking of Economics*, Boston: Harvard Business School Press, 2006.

Chang, Ha-Joon The Political Economy of Industrial Policy, New York: St. Martin's Press, 1994

_____, Kinking away the Ladder: Development Strategy in Historical Perspective, London: Anthem Press, 2002

Fukuyama, Francis, The End of History and the Last Man, New York: Free Press, 1992

Jwa, Sung-Hee, "A General Theory of Economic Development: With a closer look at the East Asian experience", a working paper, 2015.

Koutonin, Mawuna Remarque, "14 African Countries Forced by France to Pay Colonial Tax For the Benefits of Slavery and Colonization"(http://www.siliconafrica.com/france-colonial-tax/).

World Bank, *The East Asian Miracle: Economic Growth and Public Policy*, New York: Oxford University Press, 1993.

박정희, 살아있는 경제학

펴낸날	초판 1쇄 2015년 5월 30일
	초판 4쇄 2021년 10월 10일

지은이	좌승희
펴낸이	김광숙
펴낸곳	백년동안
출판등록	2014년 3월 25일 제406-2014-000031호

주소	경기도 파주시 광인사길 22
전화	031-941-8988
팩스	070-8884-8988
이메일	on100years@gmail.com

ISBN	979-11-86061-31-2 04300

※ 값은 뒤표지에 있습니다.
※ 잘못 만들어진 책은 구입하신 서점에서 바꾸어 드립니다.

이 도서의 국립중앙도서관 출판시도서목록(CIP)은 서지정보유통지원시스템 홈페이지
(http://seoji.nl.go.kr)와 국가자료공동목록시스템(http://www.nl.go.kr/kolisnet)에서
이용하실 수 있습니다.(CIP제어번호: CIP2015014261)